John the Valiant

John the Valiant

Sándor Petőfi

Translated by John Ridland

ET REMOTISSIMA PROPE

Hesperus Poetry

Hesperus Poetry
Published by Hesperus Press Limited
4 Rickett Street, London sw6 1ru
www.hesperuspress.com

John the Valiant first published in Hungarian as *János vitéz* in 1845
This translation first published by Corvina Press in 1999
First published, with revisions, by Hesperus Press Limited, 2004

English language translation © John Ridland, 1999, 2004
Introduction © John Ridland, 2004
Foreword © George Szirtes, 2004

Designed and typeset by Fraser Muggeridge
Printed in Italy by Graphic Studio Srl

ISBN: 1-84391-084-5

CONTENTS

Some ten years ago I was staying at a friend's flat in Budapest, examining the books on his shelves when I chanced on a spine that looked faintly familiar. I drew the book out. One glance and I experienced one of those rare convulsive moments of disorientation and recognition. There in my hand was a copy of Sándor Petőfi's *János vitéz*, the very same edition – for all I knew it could have been the very same copy – that I had read and dreamt over when I was a child in Hungary. The book that had thrilled, fascinated and frightened me had also offered me my first glimpse into the adult world of romantic love and loss. It was in fact the book I would have wanted most to keep and take with me when we left Hungary in 1956, left all of a sudden as it now seems, without even necessary possessions let alone cultural or spiritual luxuries, to take up residence in a far-off place.

The book itself was not a rarity, though I had not come upon this particular edition in the forty or so years after Hungary. It was an early 1950s production for the popular children's press and, as such, was general, indeed universal, reading matter. Petőfi was, after all, the most famous, most popular poet in the history of the country, a romantic hero who perished in 1849 at the age of twenty-six on the battlefield at Segesvár (Sighişoara as it is now), fighting the army of the Russian Tsar for liberty, equality, and fraternity. In the collective mind he stood for youth, the poor, the nation: for everything bright, right and rebellious. He was the very icon of the aspirational Hungarian spirit, a vastly productive strolling actor and man of the people, equally at home in the country and the city, a product of the folk tradition but singing the woes and pleasures of his compatriots and contemporaries, the man who launched the 1848 revolution by reciting his patriotic poem, *Talpra magyar*

('Rise up, Hungarians') from the steps of the recently built National Theatre.

As a patriotic icon he was without peer. One popular Hungarian nineteenth-century painting shows him at the point of death, using his own blood to write the word *Haza* on the earth as he lies prostrate. *Haza*! The fifth word of the *Talpra magyar*. How to translate this most potent of four-letter words? Should we say *Homeland? My country? Motherland? Hungary?* None of these quite does it. Not even the equivalent of the place 'that is for ever England' in Rupert Brooke's 'The Soldier' comes close. That England refers to 'rich dust' concealed 'in some corner of a foreign field'. *Haza* is home and more than home. Where are you going? *Haza*. Home. The full answer is the one that includes the question. *Haza* is not so much a place as a destination. To our childhood eyes Petőfi was evident as a form of being, as an aspect of *Haza* long before he was a poet. *János vitéz* was an integral part of *Haza*: in fact the two were practically interchangeable. So it was and remains. Whenever a revolution is about to start in Hungary everyone makes for the statue of Petőfi and marches off from there: 1956, 1989. I was there myself in 1989. It seemed the natural place to be.

But Petőfi was more than a patriotic icon. The danger with poets as patriotic icons is that, across a historical chasm, and especially in England, where history is loaded with other significances, such poets may be perceived as windy, xenophobic emblems of forces people vaguely distrust. Once their lives are over and sacrificed, their poems are readily turned into a tableau of hollow rhetorical gestures, frozen in the revolutionary moment, trapped in the instant of action and saying. There are many and complex reasons why we don't tend to read the revolutionary poets of the past, but two of them are that we are bored by their well-meant expostulations and wary of their appeals to certain dodgy forms of pride and sentimentality. There are indeed genuine reasons for distrusting such sentimentality, at least such as the kind exhibited by those who prize poets primarily for their patriotism. Reactionary and revolutionary blend in the caricature of the fascist in romanticised national costume going about a bit of ethnic cleansing. Radavan Karadzic was a patriotic poet after all.

By no means merely a patriotic icon, Petőfi was only twenty-one when he wrote this wonderful tale, but, as John Ridland says, he was already famous. In order to picture him we must imagine a blend of Burns, Byron and John Clare, a writer of romances, love poems, ballads, satires, anthems, rural and natural descriptions, lyrical and epic verse; a young man full of irony, laughter, melancholy, idealism, equipped with a remarkable ear and a genius for folksy brio. His energy must have been colossal. His collected poems, printed in small type, on onion-skin paper, runs to just short of a thousand pages. Hungarian literature has more than its fair share of copious producers, men obsessed by their lifework of drinking, partying, and writing, but few can match up to Petőfi. If he had lived another twenty-six years he would have burst.

It is the sheer freshness of his imagination that strikes me even now. The English poet Robert Graves once asked that children learn his poems by heart, not by rote. Petőfi's poems we knew both by heart and rote. We learned them at school. When I was a child I had no sophisticated literary map to guide me through *János vitéz* and could not have discriminated between Petőfi's sources, though certain figures would already have been fixed in my imagination.

The story begins by a stream in a village where our hero, the shepherd Kukoricza Jancsi (translated here as Johnny Grain o' Corn), is supposed to be minding his flock, but is in fact lying on his spread-out cloak, when he is distracted by the sight of his love, Iluska (Nelly) washing clothes in the water. There is something in the strange name Kukoricza that suggests a mythical creature, like our John Barleycorn, though they are not to be associated. The point for a child is that it suggests that Johnny is of the nature of a sprite, a corn-god, or, if nothing more, a boy with a country nickname relating to his natural habitation. There are other Hungarian Jacks and Johns who sound similar: Babszem Jankó (Johnny Beansprout?) who is in fact the Jack of the Beanstalk story and Johnny Peppercorn too, to say nothing of Háry János, of whom more later. Furthermore, the name Kukoricza has a fine crowing sound, a little like the 'Cocorico!' of the cockerel. A fine rooster of a boy then: half lad, half god.

Familiarity is part of the equation. Iluska, a common country name for girls, works for her evil stepmother, who does turn out, eventually, to be a real witch. She appears to berate the much exploited Iluska, so Johnny leaps to his beloved's defence. Sadly, by the time he is through with the old woman his flock has disappeared and he has to report the sad fact to his employer who, in his fury, sacks him and sends him on his way to adventure.

So we begin with pastoral, desire, lack of responsibility and cruelty. Along the way we meet, join and get the better of a band of robbers; encounter and join the splendid hussars; cross improbable territories on improbable routes, from Italy to Poland to India then France; defeat the terrible Turks; rescue princesses, return home as a knight (János vitéz – John the Valiant)... and much more that is strange but familiar.

The wicked stepmother is a common enough character from

fairy tales. The cruel and terrible Turks were familiar from childhood histories, having occupied Hungary from 1526 through to the late seventeenth century. The glamorous figure of the Hussar in his tall hat and braided jacket appeared regularly in books and you could (and I myself did) possess him in miniature in the form of a toy soldier. He was both familiar and strange as was everything in *János vitéz*. Strange was the breathless, light-headed way the story moved between terror, delight, broad humour, magic, tragedy and romance. Strange but familiar too, for fantastical, magical adventures with terrible events and frequent disasters were part of our oral culture. János Garay, a contemporary of Petőfi's had written a poem in 1843, at almost exactly the same time as Petőfi was writing his, called *Az obsitos* ('The Veteran Soldier') whose main character was that great teller of tall tales, Háry János (another magical Jack or Johnny), whom we knew from the popular Kodály suite named after him. Such tales had received an extra rococo flourish in another of my childhood books, Raspe's *Adventures of Baron Münchausen*. All ran together. Strange was familiar and familiar was strange.

As children, we raced through Petőfi's poem, exhilarated by its pace, enraptured by its heroism, sharing its jokes, scarcely believing its tragedies. But, importantly, beyond all this, as in a faint miasma, hovered the troubling and teasing ghost of youthful romantic sexuality. When our hero observes his beloved Iluska washing clothes, he notes how she is:

Fair-haired, and one of the slenderest,
With long golden braids and rounded breast.

Up over her knees her skirt is hooked
While she scrubs her wash in the fresh, clear brook.

And so, like the smart handsome lad he is, he entices her over for a kiss. I wasn't sure what part of me at the age of six or so ached at the thought of her rounded breast and exposed knees, but ache it did. Jancsi's kiss was my own first kiss. To be Johnny Grain o' Corn was to be all that a young man should be. Naturally one would perform heroic deeds, naturally one would mourn and triumph, naturally one would confront the dead and find happiness in heaven. But the kiss is where the adventure truly begins: the adventure in the robbers' cave, the approach of the brilliant glowing hussars, the battles, the vision of the soldiers carrying their own tired horses on their backs and squeezing drinking water from low clouds, the terrible axe-blow of the news of Iluska's death, the spine-chilling *Walpurgisnacht* in the cemetery, the entry into heaven and the apotheoses, transformations and reunions there.

An English reader might find Johnny's adventures sharper, darker and more boisterous than the traditional children's stories he or she is used to, at least in their mid-nineteenth century incarnations. *John the Valiant*'s mixture of bravado, whimsy and shocking melancholy emanate from another historical and emotional climate altogether and, in this sense, will seem odd, perhaps alien. The notion of country lad-cum-corn-god-cum-hussar and sentimental and sensual lover is not as vibrant in triumphant urban Protestant Britannia as in oft-defeated magical-gallant chiefly rural Catholic Hungary, but the desire, the terror and sheer exaltation of pace are all but irresistible. John Ridland has set himself to a marvellous task and has come back to tell the tale that unfolds before you here.

– George Szirtes, 2004

Scratch any true Hungarians and they will bleed Petőfi. The contemporary poet Sándor Kányádi, for instance, writes a piece in which a village schoolboy, put on the spot by himself, the visiting poet, comes out with an awkward definition: 'A Poem Is What Has To Be Said Out Loud'. Yet he expresses, Kányádi says admiringly, 'what I had been feeling, believing (and still keep saying), but never with such simplicity... As if Homer had woken up from his dozing and cast his luminous, sightless eyes on me,' and 'as if all the poems, rhymes, exiled into books since Gutenberg's time, had been freed, returned home' to be heard aloud – a lovely conceit which poets in many languages would applaud. But his culminating line is pure Hungarian: 'As if Petőfi had sat down among us.'

Sándor Petőfi, who has become for his people the embodiment of the idea of a Poet, had himself been a village boy. You can see the small house and room, and even the bed, in which he was born, in the village of Kiskörös, in vineyard country two hours drive south of Budapest. His parents moved frequently. An hour north in Szalkszentmárton you can see his father's butcher shop stocked with hooks and cleavers and his mother's grog shop, a tiny bar where you may be invited to toast his memory with a shot of apricot brandy. In one room of that house during a seven-month visit home the young adult Sándor wrote over a hundred poems. Both buildings are small Petőfi museums, and in Kiskörös you can also visit a larger one with busts of his translators in a courtyard – all from Communist countries, I noted – erected during the Soviet Era, suggesting a political appropriation of a 'peasant poet'. However, the boy Sándor had been sent to excellent boarding schools where he recited the poems of Horace and Catullus.

After his father's fortunes collapsed he joined the army for several months before being invalided out. He then tried to make his name as an actor with a travelling company – his best role was said to be the Fool in *King Lear* – until he fluffed his lines in his first big chance in Budapest. By then he was already becoming known as a poet. Over these years he wandered the whole country on foot, and composed drinking songs which he would later hear being sung in the streets.

There are some twenty Petőfi Streets in Budapest – if you want an address on one, you need to specify its district – and a Petőfi radio station and TV network. You can cross the Petőfi Bridge from Buda into Pest, stroll north along the Danube embankment nearly to the Marriott Hotel, and hail his heroic statue in Petőfi Square. Throughout Budapest and in other Hungarian towns and cities you will find more statues of writers and national heroes than are common in English-speaking countries, and Petőfi was both poet and hero, to such a degree that under the Communist regime dissidents would rally around the statue in his Square, particularly on 15th March, the anniversary of the unsuccessful 1848 Revolution against the Austrian Emperor. Writers in the Petőfi Club were among the leaders of the popular uprising of October 1956, opposing Soviet troops and tanks, which drew the world's attention to Hungary as never since 1848.

That earlier Revolution was one in a chain of explosions across Europe, but the immediate spark that set it off was a recital from the steps of the National Theatre of Petőfi's 'National Song' urging Magyars to arise – a new national anthem for a nation that did not then exist as an independent state. The revolt was snuffed out in 1849, in part by Russian soldiers (who would return, with irony and iron rule, a century later). In the Battle of Segesvár in Transylvania, one band of mounted Cossacks surrounded a young man of twenty-six in a flamboyant white shirt. He was unarmed, a secretary to the Polish General, Joseph Bem, who commanded the Hungarian forces. This was Petőfi, and they killed him from their horses with spears and threw him in a mass grave, unmarked.

Or they did not kill him. By the time of his death Petőfi was already enough of a legend that rumours sprang up in his place: he had survived the battle of Segesvár; he was alive and well and living in… Siberia was one claim widely accepted, and the skeleton of an Alexander Petrovitch who had been buried a hundred years was dug up in 1989 by an eccentric entrepreneur who claimed it was the poet's – undeterred by the finding of the Hungarian Academy of Sciences that these were the bones of an adolescent girl. Indeed, Sándor Petőfi had been born Alexander Petrovics, a Serbian name, and his earliest poems were published before he decided to Magyarise it. Gyula Illyés' brilliant and poetic biography makes the point that, whatever his family background, Petőfi's father's primary language, like the language his mother spoke to her only son, was Hungarian. Kiskörös had been settled by Slovak immigrants after the Turkish occupation of the area ended at the close of the seventeenth century, but Sándor's first words would have been spoken in the more purely Hungarian village of Kiskunfélegyháza, which his parents moved to before he was two, and which he declared to be his true birthplace.

The Petőfi verses that bleed from our scratched Hungarians – if they aren't first that 'National Song', urging them to wear the yoke of slavery no longer, or other shorter lyrics – are likely to be a portion of *János vitéz* (*John the Valiant*) memorised in childhood: some stanzas, a couple of chapters, or – as several I have met have sworn to me – the whole thing, so well known and loved is that poem. Hungarians have heard it at home before they could read, they have studied it in school without its being ruined for them by teachers who didn't love it equally, they have studied it again in university where they may have read critical articles about it, and still they love it. Professor István Rácz of the University of Debrecen praises it as 'a children's classic... which is reread and rediscovered by adults (as children's classics usually are)'. As children's classics also usually are treated, Hungarian artists love to picture it. I have seen many illustrated editions, some of great visual sophistication, such as Professor Peter Meller's black and white pictures for the 1999 Corvina Press edition, others of more naive fantasy, such as the wildly imaginative and colourful pictures in the 2001 trilingual edition published in the city of Pécs, which were drawn by Beash Roma ('Gypsy') children officially classified as 'mentally challenged'.

Anyone's mind can be challenged by *John the Valiant*. Challenged and charmed, engaged and enchanted, moved and amused. The range of emotions Petőfi touches is surprising to a reader of English-language 'children's literature', especially from the nineteenth century, and a French translator, Guy Turbet-Delof, declared there was nothing like it in the French language either. The first chapter ends with the hero and his sweetheart exchanging unnumbered kisses as they loll together on his sheepskin cloak. The amorousness of the scene would be unheard-of in an English-language 'children's story' in the mid-nineteenth century and for a hundred years thereafter. In later chapters we hear other true speech tones: rage and fury, martial pride and tongue-in-cheek patriotism, Halloween spookiness (witches and ghosts), fatigue and exhaustion, sorrow and grief, resignation and despair, pluck and vigour. It offers, as George Szirtes described it in the 1999 Corvina edition, a 'complex dish... served up with a garnish of irony, nonsense, and good humour,' although 'the underside of the story is steeped in melancholy and death.' Hungarian palates may be better trained to appreciate such complexities by the savage, relentless ironies of their history than British, or even more so, American ones. The fiction of the first Hungarian Nobelist in Literature, Imre Kertész, for instance, appears to be so dismayingly subtle that even his countrymen are divided on whether he deserved the prize.

The story ends in a Fairyland of loving and love-making couples, a realm where the imagination rules. It is a heaven of ethereal earthly pleasures as imagined by a poet of twenty-one, and it is also the pleasure of imagination in and of itself – the pleasure of poetry. Not nostalgia for a simple village way of life that never really existed, but the creative imagination in all its *gyönyörüség* – 'pleasure, rapture, delightfulness, beauty, loveliness, or magnificence', according to László Országh's great dictionary – that powers Petőfi's poem. To get to Fairyland, John the Valiant crosses The Magic Sea, which I take to be more like Wallace Stevens' in 'The Idea of Order at Key West' than John Masefield's in 'Sea-Fever'. Petőfi (who never saw the Mediterranean, let alone an ocean) was not singing of going 'down to the sea again, to the lonely sea and the sky'. Rather, like the girl singing on the beach in Stevens' poem, he 'was the maker of the song [he] sang, / And, singing, made'. Like Stevens he was driven to include as much ballast from the real world as his imaginings would allow, and it is, as Enikö Molnár Basa concludes, 'the masterful blending of realism and fantasy in a genre that is by definition unrealistic' that gives the poem its 'charm and richness'. As Hungarian adults return to read their childhood favourite, they find the darker tones of their adult perceptions: that only in Fairyland and in the imagination can pure happiness and perfect love be attained. It is this profound realisation that gives the poem its significant place in Hungarian literature, and its unique, compelling artistry that earns Sándor Petőfi a place in world literature.

– John Ridland, 2004

Note on the Text:
For my translation of *János vitéz*, I relied initially on a plain prose version by A.N. Nyerges, a 1954 French translation by Guy Turbet-Delof, and the comprehensive dictionary of László Országh. My first rough verse translation was scrutinised by Marta Egri-Richardson who sharpened my understanding of what the original poem meant, and encouraged me to loosen my initially strict iambic tetrameter to the present anapestic tetrameter that corresponds more closely to the four-beat, twelve-syllable alexandrines of the original poem. Revisions continued, the final one prompted by George Szirtes' exacting critique of the manuscript as reader for Corvina Press, until the book was published in 1999. The long process of revising was also assisted by numerous friends, university colleagues, fellow poets, and many bilingual or multilingual Hungarians in Hungary, California, and Australia. Among these I wish to thank in particular: Gyula and Mária Kodolányi, who first introduced me to the poem, Tibor and Zsuzsa Frank, Enikö Molnár Basa, Robyn Bell, Alan Stephens, Barry Spacks, Veronica Sumegi, Judith Sollosy, László Kunós, Eva Palasti Brown, Helen Tippett, Russ Ferrell, Antal Bejczy, and above all, my wife Muriel Ridland. Peter Czipott and László Hajdu assisted valiantly by proofreading the Hungarian text.

The quotations by Sándor Kányádi are taken from his collection, *There is a Land: Selected Poems*, translated by Peter Zollman (Corvina Press, 2000).

John the Valiant

1

Tüzesen süt le a nyári nap sugára
Az ég tetejéről a juhászbojtárra.
Fölösleges dolog sütnie oly nagyon,
A juhásznak úgyis nagy melege vagyon.

Szerelem tüze ég fiatal szivében,
Ugy legelteti a nyájt a faluvégen.
Faluvégen nyája mig szerte legelész,
Ő addig subáján a fűben heverész.

Tenger virág nyílik tarkán körülötte.
De ő a virágra szemét nem vetette;
Egy kőhajtásnyira foly tőle a patak,
Bámuló szemei odatapadtanak.

De nem ám a patak csillámló habjára,
Hanem a patakban egy szőke kislyányra,
A szőke kislyánynak karcsu termetére,
Szép hosszú hajára, gömbölyű keblére.

Kisleány szoknyája térdig föl van hajtva,
Mivelhogy ruhákat mos a friss patakba';
Kilátszik a vízből két szép térdecskéje
Kukoricza Jancsi gyönyörűségére.

Mert a pázsit fölött heverésző juhász
Kukoricza Jancsi, ki is lehetne más?
Ki pedig a vízben a ruhát tisztázza,
Iluska az, Jancsi szivének gyöngyháza.

1

The blistering sun in the midsummer sky
Beats down on the shepherd boy from on high.
No need for the sun to be blazing above,
Inside him, the shepherd is burning with love.

With fiery young love his heart is blazing.   5
At the edge of the village his sheep are grazing.
Past the edge of the village they're grazing all over,
While he lolls on his sheepskin cloak in the clover.

A sea of bright flowers spreads wide around him,
But it isn't the colourful flowers that astound him: 10
A stone's throw off, where a brook flows, there,
His gaze is fixed in a steady stare.

And it isn't fixed on the brook's bright swirl,
But on what's in the brook, a blonde-headed girl,
Fair-haired, and one of the slenderest,   15
With long golden braids and rounded breast.

Up over her knees her skirt is hooked
While she scrubs her wash in the fresh, clear brook;
And her two pretty knees peep into sight
To Johnny Grain o' Corn's great delight[1].   20

Yes, the shepherd lolling there in the grass
Is Johnny Grain o' Corn, and the lass
Who's scrubbing her laundry in the stream
Is Nelly, the pearl of Johnny's dream.

„Szivemnek gyöngyháza, lelkem Iluskája!"
Kukoricza Jancsi így szólott hozzája:
„Pillants ide, hiszen ezen a világon
Csak te vagy énnekem minden mulatságom.

Vesd reám sugarát kökényszemeidnek,
Gyere ki a vízből, hadd öleljelek meg;
Gyere ki a partra, csak egy pillanatra,
Rácsókolom lelkem piros ajakadra!"

„Tudod, Jancsi szivem, örömest kimennék,
Ha a mosással oly igen nem sietnék;
Sietek, mert máskép velem roszul bánnak,
Mostoha gyermeke vagyok én anyámnak."

Ezeket mondotta szőke szép Iluska,
S a ruhákat egyre nagy serényen mosta.
De a juhászbojtár fölkel subájáról,
Közelebb megy hozzá, s csalogatva így szól:

„Gyere ki, galambom! gyere ki, gerlicém!
A csókot, ölelést mindjárt elvégzem én;
Aztán a mostohád sincs itt a közelben,
Ne hagyd, hogy szeretőd halálra epedjen."

Kicsalta a leányt édes beszédével,
Átfogta derekát mind a két kezével,
Megcsókolta száját nem egyszer sem százszor,
Ki mindeneket tud: az tudja csak, hányszor.

'Iluska – Nelly – my dear heart's pearl!'   25
This is how Johnny cried out to his girl:
'In the whole wide world, you can take my word,
You're the only one who makes me feel like a lord.

'Smile up at me with your sloe-eyed look,
Let me give you a hug, come out of the brook;   30
For a moment, just give your laundry the slip,
And I'll plant my soul on your rosy lip!'

'I'd gladly come out, Johnny dear, you know,
I have to get on with my washing, though,
Hurry-hurry, or catch it from – someone or other –   35
You know I'm a stepchild, and you know my stepmother.'

The beautiful Nell answered him with a smile,
While she scrubbed away at her laundry pile.
But Johnny jumped up from his sheepskin coat,
Moved closer, and coaxed her on this note: 40

'Come out, my dove! Come up, my pigeon!
A hug and a kiss won't take but a smidgeon;
Besides, your stepmother's nowhere near,
Don't leave your sweetheart languishing here.'

With his blandishments he coaxed her out,   45
With his two hands clasped her waist about,
And he kissed her mouth: one time? a hundred?
Only He who knows all things could get them numbered.

Az idő aközben haladott sietve,
A patak habjain piroslott az este.
Dúlt-fúlt Iluskának gonosz mostohája;
Hol marad, hol lehet oly soká leánya?

A rossz vén mostoha ekkép gondolkodott;
Követték ezek a szók a gondolatot:
(S nem mondhatni, hogy jókedvvel ejtette ki.)
„Megnézem, mit csinál? ha henyél: jaj neki!"

Jaj neked Iluska, szegény árva kislyány!
Hátad mögött van már a dühös boszorkány;
Nagy szája megnyílik, tüdeje kitágul,
S ily módon riaszt föl szerelem álmábul:

„Becstelen teremtés! gyalázatos pára!
Ilyet mersz te tenni világnak csúfjára?
Lopod a napot és istentelenkedel…
Nézze meg az ember… hogy tüstént vigyen el –"

„Hanem most már elég, hallja-e kend, anyjuk?
Fogja be a száját, vagy majd betapasztjuk.
Ugy merje kend Ilust egy szóval bántani,
Hogy kihullanak még meglevő fogai."

Reszkető kedvese védelmezésére
Ekkép fakadt ki a nyáj bátor őrzője;
Azután haragos szemmel fenyegetve
Az elmondottakhoz e szavakat tette:

The day raced ahead, and was nearly done,
The brook swirls blazed with the evening sun.   50
Nell's cruel stepmother's rage grew strong:
'Where's that girl loitering so long?'

This was the thought of that wicked stepmother,
And she brooded until she came out with another:
(I won't tell how she cackled with glee to hatch it)   55
'I'll sniff out what she's up to. If she's loafing, she'll catch it!'

And catch it you will, little orphan Nell!
The witch is behind you, a fiend from hell;
Her big mouth is gaping, she's ready to scream,
To startle you out of love's languorous dream: 60

'You trashy trollop! You shameless slut!
You worthless hussy! You stink of smut!
You steal the daylight, may God forsake you…
Just look at you lying there… the Devil take you –'

'Enough of that guff, you shut your mouth or   65
I'll shut it for you, you hear me, Mother?
You dare make my Nelly so much as squeak,
And the rest of your teeth will drop out of your cheek.'

Thus growled the brave guardian of the flock
As he shielded his sweetheart who shivered in shock,   70
After which, with a glare of menacing anger
He held forth as follows, the bold haranguer:

„Ha nem akarja, hogy felgyujtsam a házát,
Meg ne illesse kend ezt a szegény árvát.
Úgyis töri magát, dolgozik eleget,
És mégsem kap száraz kenyérnél egyebet.

Most eredj, Iluskám. Megvan még a nyelved,
Hogy elpanaszold, ha rosszúl bánik veled. –
S kend ne akadjon fönn azon, mit más csinál,
Hisz kend sem volt jobb a deákné vásznánál."

Kukoricza Jancsi fölkapta subáját,
S sebes lépésekkel ment keresni nyáját,
Nagy megszeppenéssel most vette csak észre,
Hogy imitt-amott van egy-kettő belőle.

3

A nap akkor már a földet érintette,
Mikor Jancsi a nyájt félig összeszedte;
Nem tudja, hol lehet annak másik fele:
Tolvaj-e vagy farkas, ami elment vele?

Akárhová lett az, csakhogy már odavan;
Búsulás, keresés, minden haszontalan.
Most hát mihez fogjon? nekiszánva magát,
Hazafelé hajtja a megmaradt falkát.

„Majd lesz neked Jancsi… no hiszen lesz neked!"
Szomorún kullogva gondolta ezeket,
„Gazduramnak úgyis rosz a csillagzatja,
Hát még… de legyen meg isten akaratja."

'If you don't want your house to go up in flames,
Stop shaming this orphan with filthy names.
She's been slaving and toiling till she's practically dead,   75
And yet all you feed her is dried-up bread.

'Now get up and go, Nell, you've still got your tongue,
Come and tell me at once if she's treating you wrong –
And you! Don't go nosing in other folks' sinning,
You didn't sleep on spotless linen.'   80

Johnny Grain o' Corn grabbed up his sheepskin cloak,
And quick-stepped off to hunt for his flock.
To his great alarm as he searched all around,
Only one or two sheep lay dotting the ground.

3

When the setting sun softly was touching the land,   85
Johnny had only half of his flock in hand.
The other half seemed to have come to grief:
Carried off by either a wolf or a thief?

Whatever had happened, they were utterly gone;
It was fruitless to search, or go carrying on.   90
Now what should he do? As he made up his mind,
He herded on home the few sheep he could find.

'Now *you'll* catch it, Johnny… you're in the wrong!'
He gloomily mumbled, shuffling along.
'Your master's star must be an unlucky one,   95
What next?… Who knows? May God's will be done.'

Ezt gondolta, többet nem is gondolhatott;
Mert ekkor a nyájjal elérte a kaput.
Kapu előtt állt az indulatos gazda,
Szokás szerint a nyájt olvasni akarta.

„Sose olvassa biz azt kelmed, gazduram!
Mi tagadás benne? igen nagy híja van;
Szánom, bánom, de már nem tehetek róla,"
Kukoricza Jancsi e szavakat szólta.

Gazdája meg ezt a feleletet adta,
S megkapta bajszát, és egyet pödrött rajta:
„Ne bolondozz Jancsi, a tréfát nem értem;
Amíg jól van dolgod, föl ne gerjeszd mérgem."

Kisült, hogy korántsem tréfaság a beszéd,
Jancsi gazdájának majd elvette eszét;
Jancsi gazdája bőg, mint aki megbőszült:
„Vasvillát, vasvillát!... hadd szúrjam keresztül!

Jaj, a zsivány! jaj, az akasztani való!
Hogy ássa ki mind a két szemét a holló!...
Ezért tartottalak? ezért etettelek?
Sohase kerüld ki a hóhérkötelet.

Elpusztulj előlem, többé ne lássalak!"
Jancsi gazdájából így dőltek a szavak;
Fölkapott hirtelen egy petrencés rudat,
A petrencés rúddal Jancsi után szaladt.

So he thought, but for more thinking it was too late;
The flock had arrived at his master's gate.
Outside it his hot-tempered master stood
To count off the sheep, as he always would.   100

'I tell you, there's no need to count them, Master!
And there's no use denying we've met with disaster;
I'm sorry, I can't do a thing, it's my fault,'
Johnny Grain o' Corn's words slowly came to a halt.

To those words Johnny's master made this response,   105
Seizing his moustache and twirling it once:
'Don't fool around, Johnny, I don't like a joke;
You know, I'm one fellow you shouldn't provoke.'

When he found that it wasn't a joke that he had,
Johnny's master then nearly went stark staring mad;   110
He roared, Johnny's master, a wild cry and hue:
'A pitchfork, a pitchfork!… I'll run him right through!

'Ay-yi, oh you bandit! ay-yi, gallows prize!
I hope that a raven pecks out your eyes!…
I kept you, I fattened you up like a goose!   115
What I fattened you up for's a hangman's noose.

'Clear out of here, don't let me see you again!'
Johnny's master poured out these words in his pain;
Then seizing a stackpole[2] he suddenly sped
After Johnny with stackpole raised high overhead.   120

Kukoricza Jancsi elfutott előle,
De koránsem azért, mintha talán félne,
Markos gyerek volt ő, húsz legényen kitett,
Noha nem érte meg még hússzor a telet.

Csak azért futott, mert világosan látta,
Hogy méltán haragszik oly nagyon gazdája;
S ha ütlegre kerül a dolog, azt verje,
Ki félig apja volt, ki őt fölnevelte?

Futott, míg a szuszból gazdája kifogyott;
Azután ballagott, megállt, meg ballagott
Jobbra is, balra is; s mindevvel mit akar?
Nem tudta, mert nagy volt fejében a zavar.

4

Mikorra a patak vize tükörré lett,
Melybe ezer csillag ragyogása nézett:
Jancsi Iluskáék kertje alatt vala;
Maga sem tudta, hogy mikép jutott oda.

Megállt, elővette kedves furulyáját,
Kezdte rajta fújni legbúsabb nótáját;
A harmat, mely ekkor ellepett fűt, bokort,
Tán a szánakozó csillagok könnye volt.

Iluska már aludt. A pitvar eleje
Volt nyár idejében rendes fekvőhelye.
Fekvőhelyéről a jól ismert nótára
Fölkelt, lesietett Jancsi látására.

Johnny Grain o' Corn ran from him, shot out of sight,
Though no one could say that he fled out of fright,
Brawny lad that he was, he'd fight twenty young men,
Though his years weren't much closer to twenty than ten.

The reason he ran away was that he saw   125
His master's great fury was backed by the law;
If it came to a scuffle, too, how could he baste him,
Who was half his own father, the man who had raised him?

So he ran till his master had run out of breath;
Then he trudged along, halted, and trudged on like death,   130
To the right, to the left; why's he walking this way?
Don't ask Johnny, his head's in complete disarray.

                              4

When the brook made a looking glass of its water,
In whose surface a thousand stars were a-glitter,
Johnny was standing at the foot of Nell's yard;   135
Though to tell how he'd come to it would have been hard.

He paused, and he drew out his cherished flute,
And started to whisper his saddest tune through it;
The dew, as it settled on bushes and grass,
Might have been the stars weeping for Johnny, alas.   140

Nell had dropped off to sleep at the front of the porch
Where in summertime she used to lie on her couch.
The tune woke her up, she threw back the bedcover,
And leapt up to rush down and see her dear lover.

Jancsinak látása nem esett kedvére,
Mert megijedt tőle, s ily szót csalt nyelvére:
„Jancsi lelkem, mi lelt? mért vagy oly halovány,
Mint az elfogyó hold bús őszi éjszakán?"

„Hej, Iluskám! hogyne volnék én halovány,
Mikor szép orcádat utószor látom tán..."
„Jancsikám, látásod ugyis megrémített;
Hagyd el az istenért az ilyen beszédet!"

„Utószor látlak én, szivem szép tavasza!
Utószor szólt itten furulyám panasza;
Utószor ölellek, utószor csókollak,
Örökre elmegyek, örökre itt hagylak!"

Most a boldogtalan mindent elbeszéle,
Ráborúlt zokogó kedvese keblére,
Ráborúlt, ölelte, de képpel elfordult:
Ne lássa a leány, hogy könnye kicsordult.

„Most hát, szép Iluskám! Most hát, édes rózsám!
Az isten áldjon meg, gondolj néha reám.
Ha látsz száraz kórót szélvésztől kergetve,
Bujdosó szeretőd jusson majd eszedbe."

„Most hát, Jancsi lelkem, eredj, ha menned kell!
A jóisten legyen minden lépéseddel.
Ha látsz tört virágot útközépre vetve,
Hervadó szeretőd jusson majd eszedbe."

But the way Johnny looked could provide her no cheer,   145
And what she came out with gave words to her fear:
'Oh Johnny, my darling, what's wrong? Why so white,
Like the pale waning moon on a sad autumn night?'

'Oh, Nelly love! How could I help but look white,
When your lovely face soon will be torn from my sight…'   150
'Johnny, what are you saying? You terrify me:
For Heaven's sake, don't talk like that, let it be!'

'It's the last time I'll see you, my heart's only spring!
It's the last time you'll hear my unhappy flute sing;
It's the last time I'll clasp you,' he said with a sigh,   155
'This is farewell for ever, our final goodbye!'

Now the wretched boy had to relate all the rest,
He laid his head down on his love's sobbing breast,
He held her tight, turning away from her face:
So the girl wouldn't see how his own tears raced.   160

'Now then, darling Nelly! Now then, my sweet rose!
Fare thee well, don't forget me as time comes and goes.
When you see a dried weedstalk being chased by the wind,
May your lover in exile come into your mind.'

'Now then, darling Johnny, leave, leave if you must!   165
The good Lord be with you each footstep, I trust.
When you see a crushed flower that has been dropped behind,
May your languishing sweetheart come into your mind.'

Elváltak egymástól, mint ágtól a levél;
Mindkettejök szive lett puszta, hideg tél.
Könnyeit Iluska hullatta nagy számmal,
Jancsi letörölte inge bő ujjával.

Indult; nem nézte egy szemmel sem, hol az ut?
Neki úgyis mindegy volt, akárhova jut.
Fütyörésztek pásztorgyermekek mellette,
Kolompolt a gulya... ő észre sem vette.

A falu messzire volt már háta megett,
Nem látta lobogni a pásztortüzeket;
Mikor utójára megállt s visszanézett,
A torony bámult rá, mint sötét kisértet.

Ha ekkor mellette lett volna valaki,
Hallotta volna őt nagyot sóhajtani;
A levegőeget daruk hasították,
Magasan röpűltek, azok sem hallották.

Ballagott, ballagott a halk éjszakában,
Csak nehéz subája suhogott nyakában;
Ő ugyan subáját gondolta nehéznek,
Pedig a szive volt oly nehéz szegénynek.

5

Mikor a nap fölkelt, s a holdat elküldte,
A puszta, mint tenger, feküdt körülötte;
A nap fölkeltétől a nap enyésztéig
Egyenes rónaság nyujtózkodott végig.

They tugged loose from each other, like a leaf from a branch;
A chill wintry shiver made both their hearts blanch.   170
Poor Nelly let fall many tears as she grieved,
Which Johnny wiped off with his wide-flowing sleeve.

Then he left; and he cared not a whit for what came to him,
Whatever, wherever, all was the same to him.
Near him the sheep-herding boys piped and whistled,   175
The cattle bells clattered… but he never listened.

The village by now was some distance from him,
The flames of the shepherds' fires glowed faint and dim;
When he halted a last time to take a look back,
The steeple glowered down on him, ghostly and black.   180

Had someone stood near him, what they would have heard
Was him heave a huge sigh without saying a word;
A flock of white cranes overhead cleaved the sky,
But they couldn't hear, they were flying too high.

So he trudged along, trudged as the still night grew late,   185
On his neck hung his sheepskin cloak's rustling weight;
Though the weight of the cloak may have been in his head,
Since the poor fellow's heart was as heavy as lead.

5

When the sun rose, dismissing the moon with its motion,
The moor³ around him lay flat as an ocean;   190
From where the sun rose to its point of descending
The straight level plain stretched for ever, unending.

Nem volt virág, nem volt fa, nem volt bokor ott,
A harmat apró gyér fűveken csillogott;
Oldalvást a napnak első sugarára
Fölpiroslott egy tó; környékezte káka.

A tónak szélénél a káka közepett
Egy hosszú nyakú gém eledelt keresett,
És a tó közepén gyors halászmadarak
Hosszú szárnyaikkal le s föl szállongtanak.

Jancsi csak ballagott sötét árnyékával
S elméjének sötét gondolkozásával;
Az egész pusztában széjjel sütött a nap,
De az ő szivében éjek éje maradt.

Mikor a nap elért az ég tetejére,
Eszébe jutott, hogy falatozni kéne,
Tennap ilyen tájban evett utójára,
Meg alig is bírta már lankadó lába.

Letelepűlt, elővette tarisznyáját,
Megette maradék kevés szalonnáját.
Nézte őt a kék ég, a fényes nap… alább
Ragyogó szemével a tündér délibáb.

A kis ebéd neki jóizűen esett,
Megszomjazott rá, a tóhoz közeledett,
Kalapjának belemártá karimáját,
Ekkép enyhitette égő szomjuságát.

Not a flower, not a tree, not a bush could be seen,
Dew sparkled like stars on the sparse, skimpy green;
Away to one side where the early sun beamed,   195
With a border of reeds, a little lake gleamed.

At the edge of this pond in the clumps of green reed,
A long-legged heron stalked after its feed,
A kingfisher darted about on the pond,
Diving down with sharp wings, and flitting beyond.   200

Poor Johnny trudged on, his black shadow behind him,
Though he didn't need shadows and clouds to remind him;
The bright sun had broken through over the plain,
But a dark night of nights in his heart still remained.

When the sun had ascended the sky to its height,   205
Johnny thought, 'Why, it's time to be having a bite.'
He'd had nothing since lunchtime the morning before,
And could hardly stand up on his legs any more.

So he plopped himself down and pulled out for a snack
The last scrap of bacon he'd stuffed in his pack.   210
The blue sky, the bright sun gazed on him... below,
The eyes of a fairy mirage were a-glow.

When he'd eaten his little light lunch with good cheer,
He grew thirsty, and down to the pond he drew near,
At the shoreline he plunged his hat in it brim first,   215
And by that means he slaked his phenomenal thirst.

A tónak partjáról nem távozott messze:
Az álom szemének pilláját ellepte;
Vakondokturásra bocsátotta fejét,
Hogy visszanyerhesse elfogyott erejét.

Az álom őt odavitte, ahonnan jött,
Iluskája pihent hű karjai között,
Mikor a kisleányt csókolni akarta,
Hatalmas mennydörgés álmát elzavarta.

Szétnézett a puszta hosszában, széltében;
Nagy égiháború volt keletkezőben.
Oly hamar támadott az égiháború,
Mily hamar Jancsinak sorsa lett szomorú.

A világ sötétbe öltözködött vala,
Szörnyen zengett az ég, hullt az istennyila;
Végtére megnyílt a felhők csatornája,
S a tó vize sűrű buborékot hánya.

Jó hosszú botjára Jancsi támaszkodott,
Lekonyította a karimás kalapot,
Nagyszőrű subáját meg kifordította,
Úgy tekintett bele a vad zivatarba.

De a vihar ami hamar keletkezett,
Oly hamar is hagyta el megint az eget.
Megindult a felhő könnyü szélnek szárnyán,
Ragyogott keleten a tarka szivárvány.

He hadn't walked far from the edge of the pond
When drowsiness over his eyes waved its wand;
With his head on a molehill, he flopped at full length,
So a good nap could bring back his dwindling strength.   220

He dreamed he was back at his village and farm,
His Nelly lay sleeping on his faithful arm,
As he leaned down to kiss his dear girl where she lay,
A huge thunderclap chased his sweet dream away.

He gazed around, far and wide over the moor;   225
And he saw starting up a great heavenly war.
This great war in heaven had sprung up as fast
As Johnny's own sorrowful lot had been cast.

The wide earth had put on its clothing of black,
The sky boomed appallingly, lightning bolts cracked;   230
All at once the clouds opened their gutters and poured,
While the pond water spewed up thick bubbles and roared.

Johnny steadied his long shepherd's crook under him,
And then he bent downward his big hat's broad brim,
His great shaggy cloak he had flipped inside out   235
Like a tent, while he watched the wild thundercloud spout.

But the storm that had suddenly piled up so high,
Just as suddenly now had fled out of the sky.
The clouds flew away on the wings of a breeze,
And a many-hued rainbow arched over the east.   240

Subájáról Jancsi lerázta a vizet,
Miután lerázta, ujra utnak eredt.
Mikor a nap leszállt pihenni ágyába,
Kukoricza Jancsit még vitte két lába.

Vitte őt két lába erdő közepébe,
Sűrű zöld erdőnek sötét közepébe;
Ott őt köszöntötte holló károgása,
Mely épen egy esett vadnak szemét ásta.

Sem erdő, sem holló őt nem háborgatván,
Kukoricza Jancsi ment a maga utján;
Erdő közepében sötét ösvényére
Leküldte világát a hold sárga fénye.

6

Az idő járása éjfél lehetett már,
Mikor szemébe tünt egy pislogó sugár.
Amint közelebb ért, látta, hogy ez a fény
Ablakból világít az erdő legmélyén.

Jancsi e látványra ekkép okoskodék:
„Ez a világ aligha csárdában nem ég;
Bizonyára ugy lesz – hál' a jóistennek!
Bemegyek az éjre, benne megpihenek."

Csalatkozott Jancsi, mert az nem volt csárda,
Hanem volt tizenkét zsiványnak tanyája.
Nem állott üresen a ház, a zsiványok
Mind a tizenketten odabenn valának.

Johnny shook all the drops off his great sheepskin coat,
And as soon as he shook it, set out on his road.
When the weary old sun settled down for the night,
Johnny Grain o' Corn's two legs still held him upright.

His legs walked him into the heart of a wood,   245
Straight into the dark heart of a thick, green wood;
A raven was digging the eyes of some carrion
And greeted him grimly with its croaky clarion.

But the woods and the raven didn't trouble his mind,
Johnny Grain o' Corn went his own way, quite resigned;   250
In the heart of the woods on his shadowy path
The moon laid down for him a bright yellow swath.

6

The clock was beginning to strike twelve – midnight,
When Johnny's eye noticed a flicker of light.
As he cautiously neared it, he saw that the spark   255
Shone out from a window in the woods' deepest dark.

Johnny shrewdly concluded what this sight could mean:
'This light must be burning in an old wayside inn; –
The good Lord be thanked! – it can't be denied.
I'll step in for the night, and I'll rest up inside.'   260

Our Johnny was wrong, though, an inn's what it wasn't,
What it was, was the den of some bandits, a dozen.
And the house wasn't standing there empty: those bandits,
All armed to the teeth, were inside it and manned it.

Éjszaka, zsiványok, csákányok, pisztolyok…
Ha jól megfontoljuk, ez nem tréfadolog;
De az én Jancsimnak helyén állt a szíve,
Azért is közéjük nagy bátran belépe.

„Adjon az úristen szerencsés jó estét!"
Mondott nekik Jancsi ilyen megköszöntést;
Erre a zsiványok fegyverhez kapának,
Jancsinak rohantak, s szólt a kapitányok:

„Szerencsétlenségnek embere, ki vagy te?
Hogy lábadat mered tenni e küszöbre.
Vannak-e szüleid? van-e feleséged?
Akármid van, nem fog többé látni téged."

Jancsinak sem szíve nem vert sebesebben
E szókra, sem nem lett haloványabb színben;
A zsiványkapitány fenyegetésire
Meg nem ijedt hangon ily módon felele:

„Akinek életét van miért félteni,
Ha e tájt kerüli, nagyon bölcsen teszi.
Nekem nem kedves az élet, hát közétek,
Bárkik vagytok, egész bátorsággal lépek.

Azért, ha úgy tetszik, hagyjatok életben,
Hagyjatok ez éjjel itten megpihennem;
Ha nem akarjátok ezt: üssetek agyon,
Hitvány életemet védeni nem fogom."

Night, bandits, and pistols, and axes to batter…   265
If you add it all up, this was no laughing matter;
But our Johnny's brave heart was in the right place,
So he stepped in among them – with fear? not a trace.

He said something like this by way of a greeting:
'May Almighty God grant good luck to this meeting!'   270
At his speech, though, the bandits all leapt to their weapons,
And rushed up to Johnny, when out boomed their captain:

'You man of ill fortune, who are you, so bold
As to dare to set foot on our dwelling's threshold.
Are your parents still living? Do you have a wife?   275
If you do, they will see you no more in this life.'

But our Johnny's heart didn't start thumping more hasty,
Nor did his complexion turn sickly and pasty;
To the chief of the bandits' rough challenge, instead,
In a voice with no tremble or tremor he said: 280

'Whoever loves life would have reason to fear,
He would act very wisely to stay out of here.
But my life is cheap, so worthless, in fact,
I can step in among you with courage intact.

'So permit me to live, if you think that is right,   285
And allow me to sleep here in safety tonight;
If that's not what you want, you can beat me to death,
For I shall not defend my contemptible breath.'

Ezt mondta, nyugodtan a jövendőt várva,
A tizenkét zsivány csodálkozására.
A kapitány ilyen szókat váltott véle:
„Egyet mondok, öcsém, kettő lesz belőle;

Te derék legény vagy, azt a bátor szented!
Téged az isten is zsiványnak teremtett.
Éltedet megveted, a halált nem féled…
Te kellesz minekünk… kezet csapunk véled!

Rablás, fosztogatás, ölés nekünk tréfa,
E derék tréfának díja gazdag préda.
Ez a hordó ezüst, ez meg arany, látod?…
Nos hát elfogadod a cimboraságot?"

Furcsa dolgok jártak Jancsi elméjében,
S tettetett jókedvvel szólt ilyeténképen:
„Cimborátok vagyok, itt a kezem rája!
Rút életemnek ez a legszebb órája."

„No, hogy még szebb legyen," felelt a kapitány,
„Lássunk, embereim, az áldomás után;
Papok pincéjéből van jó borunk elég,
Nézzük meg a kancsók mélységes fenekét!"

S a kancsók mélységes fenekére néztek,
S lett eltemetése fejökben az észnek;
Maga volt csak Jancsi, ki mértéket tartott,
Kínálgatták, de ő aprókat kortyantott.

He said this so calmly, awaiting unfazed
What would come, that the twelve bandits goggled, amazed,   290
Then the captain responded with these words, no other:
'I'll tell you one thing, boy – no, make that two, brother,

'You're a brave lad, you are, by a gallant saint led!
And to be a great bandit, by God, you've been bred.
You can spit on your life, and your death you can twit...   295
We want you to join us... let's shake hands on it!

'Robbing, looting, and killing, for us are a joke,
And the prize of this fine joke is loot in the poke.
This barrel holds silver – that, gold, do you see?...
Well, lad, will you sign up with our company?'   300

Strange notions were forming inside Johnny's head,
So, making believe to be merry he said:
'I will be your companion – shake hands on it now!
It's the one shining hour of my dark life – and how!'

'Well, to make it more shining,' the captain replied,   305
'Let's drink to it, men, we've got nothing to hide;
From the cellars of priests we've brought lots of good wine up,
Let's stare to the bottom of each hefty wine cup!'

So they stared to the bottom of each hefty bottle,
And the brains were soon sunk to the depths in each noddle;   310
Except for our Johnny, who kept a tight lip,
When they urged him to swill, he took just a wee sip.

Álmot hozott a bor latrok pillájára…
Jancsinak sem kellett több, ő csak ezt várta.
Mikor a zsiványok jobbra, balra dőltek,
Jancsi a beszédet ilyformán kezdé meg:

„Jó éjszakát!… nem kelt föl titeket sem más,
Majd csak az itéletnapi trombitálás!
Élete gyertyáját soknak eloltátok,
Küldök én örökös éjszakát reátok.

Most a kincses kádhoz! Megtöltöm tarisznyám,
Hazaviszem neked, szerelmes Iluskám!
Cudar mostohádnak nem lész többé rabja,
Feleségül veszlek… isten is akarja.

Házat építtetek a falu közepén,
Ékes menyecskének odavezetlek én;
Ottan éldegélünk mi ketten boldogan,
Mint Ádám és Éva a paradicsomban…

Istenem teremtőm! mit beszélek én itt?
Zsiványoknak vigyem el átkozott pénzit?
Tán minden darabhoz vérfoltok ragadtak,
S én ilyen kincsekkel legyek boldog, gazdag?

Hozzájok sem nyúlok… azt én nem tehetem,
Nincs elromolva a lelkiisméretem. –
Édes szép Iluskám, csak viseld terhedet,
Bízd a jóistenre árva életedet!"

The wine dusted sleep on each pillager's eye…
This was all Johnny wished, as he sat waiting by.
To the right and the left all the bandits had tipped,   315
Johnny looked at them snoring and here's what he quipped:

'Nighty-night!… Nothing's going to wake you up until
The trumpets of Judgement Day blow loud and shrill!
There were plenty of people whose candles you blew out,
I send an eternal night in to snuff *you* out.   320

'To the treasure vats now! I will stuff my pack well,
And carry it home to you, my darling Nell!
You'll no longer be your vile stepmother's slave,
I shall make you my own… whom the will of God gave.

'In the heart of the village I'll build us a house,   325
And take you my bride in your ribbons and bows;
There we two will happily lead our plain lives,
Like Adam and Eve up in Paradise.

'O God my creator! What a foul thing to say!
I'd be cursed like the bandits to bear this away.   330
Every chunk of their treasure has blood clinging to it,
To get rich and be happy on that? – Can I do it?

'No, no. I won't touch it… In a flash it's forgotten.
My conscience has not yet turned totally rotten. –
Dear beautiful Nell, keep on bearing your burden,   335
And trust to the Lord your hard life as an orphan!'

Mikor elvégezte Jancsi a beszédet,
Az égő gyertyával a házból kilépett,
Meggyujtá födelét mind a négy szögleten,
Elharapózott a mérges láng sebesen.

Egy láng lett a födél szempillantás alatt,
A láng piros nyelve az ég felé szaladt,
Feketévé vált a tisztakék égi bolt,
Elhalványyodott a teljes fényü hold.

A szokatlan világ amint elterjedett,
Fölriasztotta a baglyot, bőregeret;
Kiterjesztett szárnyok sebes suhogása
A falombozatok nyugalmát fölrázta.

A föltámadó nap legelső sugára
Lesütött a háznak füstölgő romjára,
Pusztult ablakán át benézett a házba,
Ott a haramjáknak csontvázait látta.

7

Jancsi már hetedhét országon túl jára,
Nem is igen gondolt a zsiványtanyára;
Egyszerre valami csillámlott előtte,
Hát sugarát a nap fegyverekre lőtte.

Katonák jövének, gyönyörű huszárok,
A nap fénye ezek fegyverén csillámlott;
Alattok a lovak tomboltak, prüsszögtek,
Kényesen rázták szép sörényes fejöket.

When Johnny had finished declaring these vows,
With a flickering candle he stepped from the house,
At each of its corners he lighted the roof,
And the angry flames fanned and flared up with a 'whoof!'   340

The thatch all caught fire in the blink of an eye,
And the red tongue of flame bolted straight for the sky,
A murky veil covered the sky's open vault,
And the shining full moon was darkened and palled.

Such an uncanny landscape then came into sight   345
That it startled the owls and the bats into flight;
Their spreading wings swooshed, like a quick rising breeze,
And startled the calm of the wood's canopies.

The earliest rays of the rising sun shone
On the smouldering ruins, and bending far down,   350
Through a scorched, broken window peered into the lair,
And the bandits' charred skeletons gave back its stare.

7

Johnny'd been to the Back of Beyond, and by then
He gave scarcely a thought to the dead bandits' den;
Now in front of him suddenly something was gleaming,   355
Some weapons, off which the sun's arrows were beaming.

Magnificent hussars[4] approached him, astride
Magnificent steeds, shining swords by their sides;
Each proud charger was shaking its delicate mane
And stamping and neighing in noble disdain.   360

Mikor őket Jancsi közeledni látta,
Alig fért meg szíve a baloldalába',
Mert így gondolkodott: „Ha befogadnának,
Be örömest mennék én is katonának!"

Amint a katonák közelébe értek,
Ily szavát hallotta Jancsi a vezérnek:
„Vigyázz, földi! bizony rálépsz a fejedre…
Mi ördögért vagy úgy a búnak eredve?"

Jancsi pedig szólott fohászkodva nagyot:
„Én a kerek világ bujdosója vagyok;
Ha kegyelmetekkel egy sorban lehetnék,
A ragyogó nappal farkasszemet néznék."

Szólt megint a vezér: „Jól meggondold, földi!
Nem mulatni megyünk, megyünk öldökölni.
Rárontott a török a francia népre;
Franciáknak megyünk mi segedelmére."

„Hát hisz akkor én meg még jobban szeretném,
Ha magamat lóra, nyeregbe vethetném;
Mert ha én nem ölök, engem öl meg a bú –
Nagyon kivánt dolog nekem a háború.

Igaz, hogy eddig csak szamarat ismértem,
Mivelhogy juhászság volt a mesterségem.
De magyar vagyok, s a magyar lóra termett,
Magyarnak teremt az isten lovat, nyerget."

As he saw them draw near him in all of their pride,
Johnny felt his heart swell up to bursting inside,
For here's what he thought: 'If they only would take me,
A soldier indeed I gladly would make me!'

With the horses on top of him nearly, he heard   365
Their leader yell out at him this warning word:
'Fellow countryman, watch it! You'll step on your head…
What the devil so fills you with sorrow and dread?'

Johnny answered the captain in one pleading breath:
'I'm an exile who wanders the world till my death;   370
If you'd let me join up with your worships, I think
I could stare down the sun with never a blink.'

Said the officer: 'Think again, friend, if you will!
We're not going to a party, we're marching to kill.
The Turks have attacked the good people of France;   375
To the aid of the Frenchmen we make our advance.'

'Well sir, war won't make *me* the least little bit sad;
Set me onto a saddle and horse, I'll be glad –
Since, if I can't kill someone, my sorrow will kill me,
Fighting's the lifework that most will fulfil me.   380

'It's true, I could only ride donkeys to date,
Since the lot of a sheep-herder's been my hard fate.
But a Magyar I am, God made us for the horse,
And made horses and saddles for Magyars, of course.'

Sokat mondott Jancsi megeredt nyelvével,
De még többet mondott sugárzó szemével;
Nagyon természetes hát, hogy a vezérnek
Megtetszett, és be is vette közlegénynek.

Cifra beszéd kéne azt elősorolni,
A vörös nadrágban mit érezett Jancsi,
Mit érezett, mikor a mentét fölkapta,
S villogó kardját a napnak megmutatta.

Csillagokat rúgott szilaj paripája,
Mikor Jancsi magát fölvetette rája,
De ő keményen űlt rajta, mint a cövek,
A földindulás sem rázhatta volna meg.

Bámulói lettek katonapajtási,
Nem győzték szépségét, erejét csodálni,
És amerre mentek, s beszállásozának,
Induláskor gyakran sírtak a leányok.

Lyányokra nézve ami Jancsit illeti,
Egyetlenegy leány sem tetszett őneki,
Az igaz, hogy noha sok földet bejára,
Sehol sem akadt ő Iluska párjára.

8

Nos hát ment a sereg, csak ment, csak mendegélt,
Tatárországnak már elérte közepét;
De itten reája nagy veszedelem várt:
Látott érkezni sok kutyafejű tatárt.

Johnny spoke a great deal as he let his tongue fly,   385
But he gave away more with his glittering eye;
It's no wonder the leader should quickly contrive it
(He took such a liking) to make him a private.

You'd have to invent some quite elegant speeches,
To tell how Johnny felt in his bright scarlet breeches,   390
And how, when he'd slipped on his hussar's red jacket,
He flashed his sword up at the sun, trying to hack it.

His bold steed was kicking up stars with its shoes,
As it bucked and reared, hoping to bounce Johnny loose,
But he sat on it firm as a post, and so tough   395
An earthquake could never have shaken him off.

His soldier companions soon held him in awe,
When his strength and his handsome appearance they saw,
In whatever direction they marched and took quarters,
When they left, tears were shed by the whole region's daughters. 400

But none of these young women mattered to Johnny,
Not one of them ever appeared really bonny,
Though he travelled through many a land, truth to tell,
He nowhere found one girl the equal of Nell.

8

Now slowly, now quickly, they marched in formation,   405
Till they came to the heart of the Tartary nation;
But here a great peril awaited: towards
Them, the dog-headed Tartars advanced in their hordes.

Kutyafejű tatár népek fejedelme
A magyar sereget ekkép idvezelte:
„Hogy mikép mertek ti szembeszállni vélünk?
Tudjátok-e, hogy mi emberhússal élünk?"

Nagy volt ijedsége szegény magyaroknak,
Minthogy a tatárok ezerannyin voltak;
Jó, hogy akkor azon a vidéken jára
Szerecsenországnak jószívű királya.

Ez a magyaroknak mindjárt pártját fogta,
Mert Magyarországot egyszer beutazta,
S ekkor Magyarország jámborlelkü népe
Igen becsületes módon bánt ővéle.

El sem feledte ezt a szerecsen király:
Azért a magyaroknak védelmére kiáll,
S a tatár császárral, kivel jóbarát volt,
Kiengesztelésűl ily szavakat váltott:

„Kedves jóbarátom, ne bántsd e sereget,
Legkisebbet sem fog ez ártani neked,
Igen jól ismerem én a magyar népet,
Kedvemért bocsásd át országodon őket."

„A kedvedért, pajtás, hát csak már megteszem."
Szólt kibékülve a tatár fejedelem,
De még meg is írta az úti levelet,
Hogy senki se bántsa a magyar sereget.

The dog-headed Tartars' commander-in-chief
Barked out to the Magyars his challenge in brief: 410
'Do you think you can stand against us and survive?
Don't you know that it's man-flesh on which we thrive?'

At this the poor Magyars were shaking with fear,
As they saw many thousands of Tartars draw near;
They were lucky that into that countryside came   415
The Saracen King, of benevolent fame.

He instantly sprang to the Magyars' defence,
Since he'd taken a journey through Hungary once,
And the friendly, good-hearted Hungarians then
Had seemed to that king the most decent of men.   420

The Saracen had not forgotten it since,
Which is why he stepped up to the fierce Tartar prince,
And with these kindly words he attempted to bend
To the cause of the Magyars his good Tartar friend:

'Dear friend of mine, pray, meet these soldiers in peace,   425
They will do you no injury, none in the least,
The Hungarian people are well known to me,
Please grant me this favour and let them pass free.'

'Well, I'll do it, but only for you, friend, alone,'
The head Tartar said in a mollified tone,   430
And what's more, wrote a safe conduct pass for their group,
So that no one would trouble the brave Magyar troop.

Az igaz, hogy nem is lett semmi bántása,
De mégis örűlt, hogy elért a határra,
Hogyne örűlt volna? ez a szegény vidék
Egyebet se' terem: medvehúst meg fügét.

9

Tatárország hegyes-völgyes tartománya
Messziről nézett a seregnek utána,
Mert jól bent vala már nagy Taljánországban,
Rozmarínfa-erdők sötét árnyékában.

Itt semmi különös nem történt népünkkel,
Csakhogy küszködnie kellett a hideggel,
Mert Taljánországban örökös tél vagyon;
Mentek katonáink csupa havon, fagyon.

No de a magyarság erős természete,
Bármi nagy hideg volt, megbirkozótt vele;
Aztán meg, ha fáztak, hát kapták magokat,
Leszálltak s hátokra vették a lovokat.

10

Ekképen jutottak át Lengyelországba,
Lengyelek földéről pedig Indiába;
Franciaország és India határos,
De köztük az út nem nagyon mulatságos.

It is true that they met with no fuss or disorder,
But still they rejoiced when they came to the border,
Why wouldn't they? Tartar land's too poor to dig,   435
Yielding nothing to chew on but bear meat and fig.

9

The hills and the hollows of Tartar terrain
For a long time gazed after our troop's little train,
Indeed they were now well inside Italy,
In its shadowy forests of dark rosemary.   440

Here nothing unusual needs to be told,
Except how they battled against the fierce cold,
Since Italy's always in winter's harsh vice;
Our soldiers were marching on sheer snow and ice.

All the same, though, the Magyars by nature are tough,   445
Whatever the chill, they were hardy enough;
And they thought of this trick: when it got a bit colder,
Each dismounted and carried his horse on his shoulder.

1 0

They arrived in the land of the Poles in this fashion,
And from Poland they rode to the Indian nation;   450
France is the nearest of India's neighbours,
Though to travel between them's the hardest of labours.

India közepén még csak dombok vannak,
De aztán a dombok mindig magasabbak,
S mikor a két ország határát elérik,
Már akkor a hegyek fölnyúlnak az égig.

Tudni való, hogy itt a sereg izzadott,
Le is hányt magáról dolmányt, nyakravalót…
Hogyne az istenért? a nap fejök felett
Valami egy óra-járásra lehetett.

Enni nem ettek mást, mint levegőeget;
Ez olyan sürü ott, hogy harapni lehet.
Hanem még italhoz is furcsán jutottak:
Ha szomjaztak, vizet felhőből facsartak.

Elérték végtére tetejét a hegynek;
Itt már oly meleg volt, hogy csak éjjel mentek.
Lassacskán mehettek; nagy akadály volt ott:
Hát a csillagokban a ló meg-megbotlott.

Amint ballagtak a csillagok közepett,
Kukoricza Jancsi ekkép elmélkedett:
„Azt mondják, ahányszor egy csillag leszalad,
A földön egy ember élete megszakad.

Ezer a szerencséd, te gonosz mostoha,
Hogy nem tudom, melyik kinek a csillaga;
Nem kínzanád tovább az én galambomat –
Mert lehajítanám mostan csillagodat."

In India's heart you climb hill after hill,
And these hills pile up higher and higher, until
By the time that you reach the two countries' frontier,   455
Up as high as the heavens the mountain peaks rear.

At that height how the soldiers' sweat rolled off,
And their capes and neckerchiefs, they did doff…
How on earth could they help it? The sun, so they said,
Hung just one hour's hard marching overhead.   460

They had nothing at all for their rations but air,
Stacked so thick that they could bite into it there.
And their drink was peculiar, it must be allowed:
When thirsty, they squeezed water out of a cloud.

At last they had climbed to the top of the crest;   465
It was so hot that travelling by night was the best.
But the going was slow for our gallant Magyars:
Why? Their horses kept stumbling over the stars.

In the midst of the stars, as they shuffled along,
Johnny Grain o' Corn pondered both hard and strong: 470
'They say, when a star slips and falls from the sky,
The person on earth whose it is – has to die.

'How lucky you are, my poor Nelly's stepmother,
That I can't tell one star up here from another;
You would torture my dove not a single hour more –   475
Since I'd kick your detestable star to the floor.'

41

Eztán nemsokára lejtősen haladtak,
Alacsonyodtak már a hegyek alattok,
A szörnyű forróság szinte szűnni kezdett,
Mentül beljebb érték a francia földet.

11

A franciák földje gyönyörű tartomány,
Egész paradicsom, egész kis Kánaán,
Azért is vásott rá a törökök foga,
Pusztitó szándékkal azért törtek oda.

Mikor a magyarság beért az országba,
A törökök ott már raboltak javába';
Kirabolták a sok gazdag templom kincsét,
És üresen hagytak minden borospincét.

Látni lehetett sok égő város lángját,
Kivel szemközt jöttek, azt kardjokra hányták,
Magát a királyt is kiűzték várából,
S megfosztották kedves egyetlen lyányától.

Így találta népünk a francia királyt,
Széles országában föl s le bujdosva járt;
Amint őt meglátták a magyar huszárok,
Sorsán szánakozó könnyet hullatának.

A bujdosó király ily szókat hallatott:
„Ugye, barátim, hogy keserves állapot?
Kincsem vetélkedett Dárius kincsével,
S most küszködnöm kell a legnagyobb ínséggel."

A little while later they had to descend,
As the mountain range gradually sank to an end,
And the terrible heat now began to subside,
The further they marched through the French countryside.   480

11

The land of the French is both splendid and grand,
Quite a paradise really, a true Promised Land,
Which the Turks had long coveted, whose whole intent
Was to ravage and pillage wherever they went.

When the Magyars arrived in the country, that day   485
The Turks were hard at it, plundering away,
They were burgling many a precious church treasure,
And draining each wine cellar dry at their pleasure.

You could see the flames flaring from many a town,
Whoever they faced, with their swords they cut down,   490
They routed the French King from his great chateau,
And they captured his dear only daughter also.

That is how our men came on the sovereign of France,
Up and down he was wandering in his wide lands;
The Hungarian hussars, when they saw the King's fate,   495
Let fall tears of compassion for his sorry state.

The fugitive King said to them without airs:
'So, my friends, isn't this a sad state of affairs?
My treasures once vied with the treasures of Darius,
And now I am tried with vexations so various.'   500

A vezér azt mondá vigasztalására:
„Ne busúlj, franciák fölséges királya!
Megtáncoltatjuk mi ezt a gonosz népet,
Ki ily méltatlanul mert bánni tevéled.

Ez éjjelen által kipihenjük magunk,
Mert hosszu volt az út, kissé elfáradtunk;
De holnap azután, mihelyt fölkel a nap,
Visszafoglaljuk mi vesztett országodat."

„Hát szegény leányom, hát édes leányom?"
Jajdult föl a király, „őtet hol találom?
Elrabolta tőlem törökök vezére...
Aki visszahozza, számolhat kezére."

Nagy buzditás volt ez a magyar seregnek;
Minden ember szivét reménység szállta meg.
Ez volt mindenkinek fejében föltéve:
„Vagy visszakerítem, vagy meghalok érte."

Kukoricza Jancsi tán egymaga volt csak
Meg nem hallója az elmondott dolognak;
Jancsinak az esze más egyeben jára:
Visszaemlékezett szép Iluskájára.

12

Másnap reggel a nap szokás szerint fölkelt,
De nem lát és nem hall olyat minden reggel,
Mint amilyet hallott, mint amilyet látott
Mindjárt, mihelyest a föld szélére hágott.

The officer answered encouragingly:
'Chin up, your royal French Majesty!
We'll make these Ottomans dance a jig,
Who've chased the King of France like a pig.

'Tonight we must take a good rest and recoup, 505
The journey was long, we're a weary troop;
Tomorrow, as sure as the sun shall rise,
We will recapture your territories.'

'But what of my daughter, my darling daughter?
The vizier of the Turks has caught her… 510
Where will I find her?' The French King was quaking;
'Whoever retrieves her, she's yours for the taking.'

The Magyars were stirred to a buzz by this speech,
And hope was aroused in the heartstrings of each.
This became the resolve in every man's eye: 515
'I shall carry her back to her father or die.'

Johnny Grain o' Corn may have been wholly alone
In ignoring this offer the French King made known;
For Johnny's attention was hard to compel:
His thoughts were filled up with his beautiful Nell. 520

12

The sun, as it will do, rose out of the night,
Though it won't often rise to behold such a sight
As now it beheld what the day brought to birth,
All at once, when it paused on the rim of the earth.

Megszólalt a sereg harsány trombitája,
Minden legény talpon termett szózatára;
Jól kiköszörülték acél szablyáikat,
Azután nyergelték gyorsan a lovakat.

A király erőnek erejével rajt volt,
Hogy ő is elmegy, s a többiekkel harcol;
Hanem a huszárok bölcseszű vezére
A királyhoz ilyen tanácsot intéze:

„Nem, kegyelmes király! csak maradj te hátra,
A te karjaid már gyöngék a csatára;
Tudom, meghagyta az idő bátorságod,
De mi haszna? hogyha erőd vele szállott.

Bízd az isten után mireánk ügyedet;
Fogadást teszünk, hogy mire a nap lemegy:
Országodból továűzzük ellenséged,
S elfoglalhatod ujra a királyi széket."

Erre a magyarság lóra kerekedett,
S keresni indult a rabló törököket;
Nem soká kereste, mindjárt rájok akadt,
És egy követ által izent nekik hadat.

Visszajött a követ, harsog a trombita,
Rémséges zugással kezdődik a csata;
Acélok csengése, torkok kurjantása
Volt a magyaroknál harci jel adása.

The troopers' loud trumpet call piercingly rang out,   525
At its shrill proclamation the soldiers all sprang out;
They ground a keen edge on their sabres of steel,
And they hurriedly saddled their horses with zeal.

The French King insisted on his royal right
To march with the soldiers along to the fight;   530
But the hussars' commander was canny and wise,
And offered the King this hard-headed advice:

'Your Majesty, no! It is better you stay,
Your arm is too weak to be raised in the fray;
I know, time has left you with plenty of grit,   535
But what use, when your strength has departed from it?

'You may trust your affairs to us and to God;
I'll wager, by sunset myself and my squad
Will have driven the foe from the lands that you own,
And Your Highness will sit once again on your throne.'   540

The Magyars leapt onto their steeds at his order,
And started to hunt out the Turkish marauder;
They didn't search long till they came on their corps,
And by means of an envoy at once declared war.

The envoy returned, the bugle call sounded,   545
And the terrible uproar of battle resounded:
Steel clanged against steel, while a wild yell and shout
Were the fierce battle cry that the Magyars sent out.

A sarkantyút vágták lovak oldalába,
Dobogott a földön lovak patkós lába,
Vagy talán a földnek dobbant meg a szíve,
E vészt jövendölő zajra megijedve.

Törökök vezére hétlófarkú basa,
Ötakós hordónak elég volna hasa;
A sok boritaltól piroslik az orra,
Azt hinné az ember, hogy érett uborka.

A török csapatnak nagyhasu vezére
Rendbe szedte népét a harcnak jelére;
A rendbeszedett nép ugyancsak megállott,
Amint megrohanták a magyar huszárok.

De nem volt gyerekség ez a megrohanás,
Lett is nemsokára szörnyü rendzavarás;
Izzadott a török véres verítéket,
Tőle a zöld mező vörös tengerré lett.

Hej csinálom-adta! meleg egy nap volt ez,
Heggyé emelkedett már a török holttest.
De a basa még él mennykő nagy hasával,
S Kukoricza Jancsit célozza vasával.

Kukoricza Jancsi nem veszi tréfának,
S ily szóval megy neki a török basának:
„Atyafi! te úgyis sok vagy egy legénynek;
Megállj, én majd kettőt csinálok belőled."

They dug in their spurs for all they were worth,
And their steeds' iron shoes drummed so hard on the earth   550
That the earth's heart was quaking down deep in its fold,
Out of fear of the storm that this clamour foretold.

A seven-tailed pasha was the Turkish vizier,
With a belly as big as a barrel of beer;
His nose was rose-red from draughts without number,   555
And stuck out from his cheeks like a ripened cucumber.

Well, this pot-bellied vizier of the Turkish troops
At the battle call gathered his men into groups;
But his well-ordered squads halted dead in their tracks,
At the first of the Magyar hussars' attacks.   560

These attacks were the real thing, not children's play,
And suddenly terrible chaos held sway,
The Turks were perspiring with blood in their sweat,
Which turned the green battlefield ruddy and wet.

Hi-dee-ho, what a job! Our men piled them up deep,   565
Till the corpses of Turks made a mountainous heap,
But the big-bellied pasha gave out a huge bellow,
And levelled his weapon at Johnny, poor fellow.

Johnny Grain o' Corn didn't take *this* as a jest,
At the great Turkish pasha with these words he pressed: 570
'Halt, brother! You've far too much bulk for one man;
I'm going to make two out of you if I can.'

49

S akként cselekedett, amint megfogadta,
Szegény török basát kettéhasította,
Jobbra-balra hullott izzadó lováról,
Igy múlt ki őkelme ebből a világból.

Mikor ezt látta a gyáva török sereg,
Uccu! hátat fordít és futásnak ered,
Futott, futott s talán mostanság is futna,
Hogyha a huszárok el nem érték volna.

De bezzeg elérték, le is kaszabolták;
Hullottak a fejek előttök, mint a mák.
Egyetlenegy nyargal még lóhalálába',
Ennek Kukoricza Jancsi ment nyomába.

Hát a török basa fia vágtatott ott,
Ölében valami fehérféle látszott.
A fehérség volt a francia királylyány;
Nem tudott magáról semmit, elájulván.

Soká nyargalt Jancsi, amíg utolérte,
„Megállj, a hitedet!" kiáltott feléje,
„Állj meg, vagy testeden mindjárt nyitok kaput,
Melyen által hitvány lelked pokolba fut."

De a basa fia meg nem állott volna,
Ha a ló alatta össze nem omolna.
Összeomlott, ki is fújta ott páráját.
Basa fia ilyen szóra nyitá száját:

And he acted then just as he said he would do,
The poor Turkish pasha was cloven in two,
Right and left from their sweat-bedecked steed they were hurled   575
And in this way both halves took their leave of this world.

When the timorous Turkish troops saw this, they wheeled,
And yelling, 'Retreat!' the men took to their heels,
And they ran and they ran and might be on the run
To this day, if the hussars had not chased them down.   580

But catch them they did, and they swept like a mower,
The heads fell before them, like poppies in flower.
One single horse galloped away at full speed;
Johnny Grain o' Corn chased after him on his steed.

Well, the son of the pasha was galloping there,   585
Holding something so white on his lap and so fair.
That whiteness in fact was the Princess of France,
Who knew nothing of this, in a faint like a trance.

Johnny galloped until he pulled up alongside,
'Halt, by my faith!' was the challenge he cried.   590
'Or I'll open a gate in your bodily shell
Through which your damned soul can go gallop to hell.'

But the son of the pasha would never have stopped,
Had the horse underneath him not suddenly dropped,
It crashed to the ground, and gave up its last breath.   595
The pasha's son pleaded then, frightened to death:

'Kegyelem, kegyelem, nemeslelkű vitéz!
Ha semmi másra nem: ifjuságomra nézz;
Ifjú vagyok még, az életet szeretem…
Vedd el mindenemet, csak hagyd meg életem!'

„Tartsd meg mindenedet, gyáva élhetetlen!
Kezem által halni vagy te érdemetlen.
Hordd el magad innen, vidd hírűl hazádnak,
Haramja fiai hogy és mikép jártak."

Leszállott lováról, királylyányhoz lépe,
És beletekintett gyönyörű szemébe,
Melyet a királylyány épen most nyita ki,
Mialatt ily szókat mondának ajaki:

„Kedves szabadítóm! nem kérdezem, ki vagy?
Csak annyit mondok, hogy hálám irántad nagy.
Háladatosságból én mindent megteszek,
Hogyha kedved tartja, feleséged leszek."

Jancsi ereiben nem folyt víz vér helyett,
Szivében hatalmas tusa keletkezett;
De lecsillapítá szíve nagy tusáját,
Emlékezetébe hozván Iluskáját.

Nyájasdadon így szólt a szép királylyányhoz:
„Menjünk, rózsám, elébb az édesatyádhoz.
Ott majd közelebbről vizsgáljuk a dolgot."
S ló előtt a lyánnyal lassacskán ballagott.

'Have mercy, have mercy, magnanimous knight!
If nothing else moves you, consider my plight;
I'm a young fellow still, life has so much to give…
Take all my possessions, but allow me to live!'   600

'You can keep your possessions, you cowardly knave!
You're not worth my hand sending you into the grave.
And take this word home, if you're not too afraid,
Let them know how the sons of marauders are paid.'

Johnny swung from his horse, to the Princess advanced,   605
And into her beautiful blue eyes he glanced,
Which the Princess in safety had opened up wide,
To his questioning gaze now she softly replied:

'My dear liberator! I don't know who you are,
I can tell you, my gratitude, though, will go far.   610
I'd do anything for you, for saving my life,
If you feel so inclined, you can make me your wife.'

Not water but blood in our Johnny's veins flows,
In his heart an enormous great tussle arose;
But his heart's mighty tussle he was able to quell,   615
By bringing to mind his dear sweetheart – his Nell.

So he spoke with great kindliness to the Princess:
'My dear, we shall do what we ought, nothing less:
We must talk to your father before we decide.'
And he chose to walk back with the girl, not to ride.   620

Kukoricza Jancsi meg a királyleány
Csatahelyre értek a nap alkonyatán.
A leáldozó nap utósó sugára
Vörös szemmel nézett a siralmas tájra.

Nem látott egyebet, csak a véres halált,
S hollósereget, mely a halottakra szállt;
Nem igen telt benne nagy gyönyörüsége,
Le is ereszkedett tenger mélységébe.

A csatahely mellett volt egy jókora tó,
Tiszta szőke vizet magába foglaló.
De piros volt az most, mert a magyar sereg
Török vértől magát vizében mosta meg.

Miután megmosdott az egész legénység,
A francia királyt várába kisérték;
A csatamezőtől az nem messzire állt...
Idekisérték hát a francia királyt.

Alighogy bevonult a várba a sereg,
Kukoricza Jancsi szinte megérkezett.
Olyan volt mellette az ékes királylyány,
Mint felhő mellett a tündöklő szivárvány.

Hogy az öreg király leányát meglátta,
Reszkető örömmel borult a nyakába,
S csak azután mondta a következőket,
Mikor a lyány ajkán tőle sok csók égett:

Johnny Grain o' Corn and the French King's daughter
At dusk drew near to the field of slaughter.
The setting sun with its lingering beam
Cast a blood-red eye on the doleful scene.

It gazed out on nothing but death grim and red,   625
As a black flock of ravens settled down on the dead;
It could take no delight from such scenery,
So it plunged away into the depths of the sea.

There was a large pond by the battleground,
In which crystal-clear water had always been found.   630
It had now turned all ruddy, since the Magyar men
Had washed off the Turks' blood in it by then.

After all of the troops had washed themselves clean,
They escorted the King back to his demesne;
The chateau wasn't far from that bloody affair…   635
And so they escorted the French King there.

The army had barely marched in the chateau,
When brave Johnny Grain o' Corn reached it also.
Beside him the gem of a princess stood,
Like a sparkling rainbow before a dark cloud.   640

When the old King beheld his dear daughter restored,
He trembled, embracing the child he adored.
And he uttered the following speech only after
Kissing her warmly, and giddy with laughter:

„Most már örömemnek nincsen semmi híja;
Szaladjon valaki, s a szakácsot híja,
Készítsen, ami jó, mindent vacsorára,
Az én győzedelmes vitézim számára."

„Király uram! nem kell híni a szakácsot,"
A király mellett egy hang ekkép rikácsolt,
„Elkészítettem már mindent hamarjában,
Föl is van tálalva a szomszéd szobában."

A szakács szavai kedvesen hangzottak
Füleiben a jó magyar huszároknak;
Nem igen sokáig hívatták magokat,
Körülülték a megterhelt asztalokat.

Amily kegyetlenűl bántak a törökkel,
Csak ugy bántak ők most a jó ételekkel;
Nem is csoda biz az, mert megéhezének
A nagy öldöklésben a derék vitézek.

Járta már a kancsó isten igazába',
Ekkor a királynak ily szó jött szájába:
„Figyelmezzetek rám, ti nemes vitézek,
Mert nagy fontosságu, amit majd beszélek."

S a magyar huszárok mind figyelmezének,
Fölfogni értelmét király beszédének,
Aki egyet ivott, azután köhhentett,
S végre ily szavakkal törte meg a csendet:

'Now every delight I could wish for's at hand;   645
Have somebody run, and strike up the band,
Call the cook to prepare his best dishes for dinner,
And set one before every stout-hearted winner.'

'Your Highness! No need for the cook to be called,'
A voice right beside the King then bawled,   650
'In my slap-dash fashion I'm fixing them all,
And we'll serve them all up in the next-door hall.'

The cook's message sounded remarkably cheering
To the hearty Hungarian hussars' hearing;
And they didn't wait to be twice implored,   655
But sat themselves down to the groaning board.

As roughly as they had handled the Turks,
They now laid into the cook's good works;
No wonder, they'd built up such appetites
In that slaughteryard, these courageous knights.   660

As the wine jug was slaking their daylong drought,
From the mouth of the French King this order came out:
'Pray lend me your ears, noble knights of great fame,
It's a matter of moment I now will proclaim.'

The Magyar hussars paid the closest attention   665
To whatever it was that the King would now mention;
He swallowed one draught, then clearing his throat,
He broke the long silence on this note:

„Mindenekelőtt is mondd meg a nevedet,
Bátor vitéz, aki lyányom megmentetted."
„Kukoricza Jancsi becsületes nevem:
Egy kicsit parasztos, de én nem szégyenlem."

Kukoricza Jancsi ekképen felele,
Azután a király ily szót váltott vele:
„Én a te nevedet másnak keresztelem,
Mától fogva neved János vitéz legyen.

Derék János vitéz, halld most beszédemet:
Minthogy megmentetted kedves gyermekemet,
Vedd el feleségül, legyen ő a tied,
És vele foglald el királyi székemet.

A királyi széken én sokáig ültem,
Rajta megvénültem, rajta megőszültem.
Nehezek nekem már a királyi gondok,
Annakokáért én azokról lemondok.

Homlokodra teszem a fényes koronát,
Fényes koronámért nem is kívánok mást,
Csak hogy e várban egy szobát rendelj nékem,
Melyben hátralevő napjaimat éljem."

A király szavai ím ezek valának,
Nagy csodálkozással hallák a huszárok.
János vitéz pedig e szíves beszédet
Alázatos hangon ekkép köszöné meg:

'First tell us your story, who you are, and from where,
Courageous young knight, who has rescued my heir.'
'Johnny Grain o' Corn is my honest name;
It sounds a bit rustic, but I feel no shame.'

Johnny Grain o' Corn made this modest response,
Then the King spoke out plainly to pronounce:
'I christen you otherwise; from this day on,
Let the name you are known by, be *Valiant John*.

'My good John the Valiant, I'm deep in your debt:
Because you have rescued my darling pet,
Take this girl as your wife, please make her your own,
And along with her, please take my royal throne.

'On this royal throne I have long had to sit,
I've grown old, and my hair has turned grey on it.
These kingly concerns are a wearisome weight,
Which I now find good reason to abdicate.

'I shall settle the glittering crown on your head,
For this glittering crown I ask nothing instead,
But a room in the castle to be reserved,
Where the rest of my days may be preserved.'

The King delivered his speech, thus phrased,
Which the hussars all listened to, greatly amazed.
John the Valiant, however, in humblest style
Replied to him gratefully and without guile:

670

675

680

685

690

„Köszönöm szépen a kelmed jó'karatját,
Amely reám nézve nem érdemlett jóság;
Egyszersmind azt is ki kell nyilatkoztatnom,
Hogy én e jóságot el nem fogadhatom.

Hosszú históriát kéne elbeszélnem,
Miért e jósággal lehetetlen élnem;
De attól tartok, hogy megunnák kelmetek;
S én másnak terhére lenni nem szeretek."

„De csak beszélj, fiam, meghallgatjuk biz azt;
Hiábavalóság, ami téged aggaszt."
Igy biztatta őt a jó francia király,
S János vitéz beszélt, amint itt írva áll:

14

„Hogy is kezdjem csak hát?... Mindennek előtte
Hogyan tettem szert a Kukoricza névre?
Kukorica között találtak engemet,
Ugy ruházták rám a Kukoricza nevet.

Egy gazdaember jólelkü felesége
– Amint ő nekem ezt sokszor elmesélte –
Egyszer kinézett a kukoricaföldre,
S ott egy barázdában lelt engem heverve.

Szörnyen sikítottam, sorsomat megszánta,
Nem hagyott a földön, felvett a karjára,
És hazafelé ezt gondolta mentiben:
„Fölnevelem szegényt, hisz ugy sincs gyermekem."

'I thank you profoundly for your kind intentions,
To merit them, though, I have no pretensions;
At the same time I must not fail to proffer,   695
That I cannot accept your kingly offer.

'I would need to relate you a burdensome tale,
Why your kindness can be of so little avail;
But I fear you good people would find it a bore,
A consequence which I would truly abhor.'   700

'You can trust that we'll listen, son, you can speak out;
It's a whole pack of nonsense you're worried about.'
With the kindly French monarch thus urging him on,
What's written here now comes from Valiant John:

14

'How to begin, then?... Well, first, how it came   705
Johnny Grain o' Corn happens to be my name?
Among the kernels of corn they found me,
And so with the name *Grain of Corn* they crowned me.

'It was a farmer's good-hearted wife –
How often she told me the tale of my life –   710
In the cornfield one day she was looking around,
When she noticed a baby that lay on the ground.

'That was me in the field, screaming hard with alarm,
So she pitied my lot, picked me up in her arm,
And this was her thought, walking home from the field: 715
"I could raise the poor thing, since I don't have a child."

Hanem volt ám neki haragos vad férje,
Akinek én sehogy sem voltam ínyére.
Hej, amikor engem az otthon meglátott,
Ugyancsak járták a cifra káromlások.

Engesztelte a jó asszony ily szavakkal:
„Hagyjon kend föl, apjok, azzal a haraggal.
Hiszen ott kinn csak nem hagyhattam vesztére,
Tarthatnék-e számot isten kegyelmére?

Aztán nem lesz ez a háznál haszontalan,
Kednek gazdasága, ökre és juha van,
Ha felcsuporodik a kis istenadta,
Nem kell kednek bérest, juhászt fogadnia."

Valahogy, valahogy csakugyan engedett;
De azért rám soha jó szemet nem vetett.
Hogyha nem ment dolgom a maga rendiben,
Meg-meghusángolt ő amugy istenesen.

Munka s ütleg között ekkép nevelkedtem,
Részesültem nagyon kevés örömekben;
Az egész örömem csak annyiból állott,
Hogy a faluban egy szép kis szőke lyány volt.

Ennek édesanyja jókor a síré lett,
Édesapja pedig vett más feleséget;
Hanem az apja is elhalt nemsokára,
Így jutott egyedűl mostohaanyjára.

'What she had was a bad-tempered husband, a beast,
Who didn't find me to his taste in the least,
Hey, when he caught a glimpse of me there at his hearth,
He began hurling curse-words for all he was worth.   720

'The good woman said, doing her best to appease:
"Let up on that anger, old man, if you please.
Suppose I had left him to lie like a clod,
Could I hope to receive any mercy from God?

'"Later on he'll be useful and well worth his keep,   725
You've a very large farmstead, with oxen and sheep,
When the poor little fellow shoots up a bit higher,
You'll have no need for shepherds or farmhands to hire."

'By some means, she forced him to yield his consent;
But I always was someone he seemed to resent.   730
If my chores weren't all finished in orderly fashion,
A thorough good whipping was my dinner ration.

'In time, between beatings and work, I grew tall,
Though my portion of pleasures was dreadfully small;
It consisted, in fact, of a girl who lived there   735
In the village, sweet Nelly with long golden hair.

'Very soon the grave swallowed her dear loving mother,
And soon after, her father had married another;
But her father died too, before she was full grown;
She was left with her stepmother all on her own.   740

Ez a kis leányzó volt az én örömem,
Az egyetlen rózsa tüskés életemen.
Be tudtam is őtet szeretni, csodálni!
Ugy hítak minket, hogy: a falu árvái.

Már gyerekkoromban hogyha őt láthattam,
Egy turós lepényért látását nem adtam;
Örültem is, mikor a vasárnap eljött,
És vele játszhattam a gyerekek között.

Hát mikor még aztán sihederré lettem,
S izegni-mozogni elkezdett a szivem!
Csak úgyis voltam ám, mikor megcsókoltam,
Hogy a világ összedőlhetett miattam.

Sokszor megbántotta gonosz mostohája…
Isten neki soha azt meg ne bocsássa!
És ki tudja, még mit el nem követ rajta,
Ha fenyegetésem zabolán nem tartja.

Magamnak is ugyan kutyául lett dolga,
Belefektettük a jó asszonyt a sírba,
Aki engem talált, és aki, mondhatom,
Mint tulajdon anyám, úgy viselte gondom.

Kemény az én szívem, teljes életemben
Nem sokszor esett meg, hogy könnyet ejtettem,
De nevelőanyám sírjának halmára
Hullottak könnyeim zápornak módjára.

'This dear little maid was my only delight,
The rose in my thicket of thorns, day and night.
How completely I loved her, I thought her so fair!
The villagers dubbed us "the orphan pair".

'As a boy then, whenever I saw her walk by –   745
Well, I wouldn't swap that sight for custard pie;
And when Sundays came round, how I used to rejoice,
As we romped with the rest of the girls and the boys.

'When I'd grown up a little, though still just a sprout,
My heart was beginning to fidget about!   750
And how did I feel, when I gave her a kiss?
"Let the world fall to pieces if I can have this!"

'Her stepmother wronged her, though, time after time…
May the good Lord above not forgive her that crime!
Who knows how much else Nelly might have been pained in,   755
If my threats hadn't kept her stepmother reined in.

'My taskmaster bossed me around like a slave;
Then one terrible day we laid into her grave
The good woman who'd found me, and who, I declare,
In every way showed me a true mother's care.   760

'My heart is like steel, yesterday or tomorrow
You'll seldom find me giving way to my sorrow,
But onto my dear foster mother's fresh mound
Like a shower of rain my tears tumbled down.

Iluska is, az a szép kis szőke leány,
Nem tettetett bútól fakadt sírva halmán;
Hogyne? az istenben boldogúlt jó lélek
Kedvezett, amiben lehetett, szegénynek.

Nem egyszer mondta, hogy: „várakozzatok csak!
Én még benneteket összeházasítlak;
Olyan pár válik is ám tibelőletek,
Hogy még!… várjatok csak, várjatok, gyerekek!"

Hát hiszen vártunk is egyre keservesen;
Meg is tette volna, hiszem az egy istent,
(Mert szavának állott ő minden időbe')
Ha le nem szállt volna a föld mélységébe.

Azután hát aztán, hogy meghalálozott,
A mi reménységünk végkép megszakadott:
Mindazonáltal a reménytelenségbe'
Ugy szerettük egymást, mint annakelőtte.

De az úristennek más volt akaratja,
Szívünknek ezt a bús örömet sem hagyta.
Egyszer én valahogy nyájam elszalasztám,
Annak következtén elcsapott a gazdám.

Búcsut mondtam az én édes Iluskámnak,
Keserű érzéssel mentem a világnak.
Bujdosva jártam a világot széltére,
Mígnem katonának csaptam föl végtére.

'Nelly too – ah, her hair like a golden sheaf –   765
She burst into weeping from unfeigned grief;
No wonder! The good soul departed to God
Had favoured the poor girl, the best that she could.

'It wasn't just once that she'd said, "You wait!
You two will be wed; I will set the date;   770
Such a beautiful couple you two will be,
None lovelier!… Children, just wait and see!"

'So of course we kept waiting and waiting, sadly;
And I swear that she would have seen to it gladly,
(Because she had always been true to her word)   775
If she hadn't gone down to the underworld.

'Even then, after that, once my mother had died,
And our hopes had been utterly cast aside:
All the same, amidst all of this hopelessness
We loved one another not one jot less.   780

'But the Lord was not willing to alter our plight,
And he left us not even this mournful delight.
One evening it happened my flock went astray,
And for that my harsh master chased me away.

'I said my farewells to dear Nelly, my dove,   785
And I dragged myself into a world without love.
In exile I walked to the ends of the earth,
Till I threw in my lot for a soldier's berth.

Nem mondtam én neki, az én Iluskámnak,
Hogy ne adja szivét soha senki másnak,
Ő sem mondta nekem, hogy hűséges legyek –
Tudtuk, hogy hűségünk ugysem szegjük mi meg.

Azért szép királylyány ne tarts reám számot;
Mert ha nem bírhatom kedves Iluskámat:
Nem is fogok bírni senkit e világon,
Ha elfelejtkezik is rólam halálom."

15

János vitéz ekkép végzé történetét,
Nem hagyta hidegen a hallgatók szivét;
A királylyány arcát mosta könnyhullatás,
Melynek kútfeje volt bánat s szánakozás.

A király e szókat intézte hozzája:
„Nem erőltetlek hát, fiam, házasságra;
Hanem amit nyujtok hálámnak fejében,
Elfogadását nem tagadod meg tőlem."

Erre kinyitotta kincstárát a király;
Parancsolatjára egy legény előáll,
S aranynyal tölti meg a legnagyobb zsákot,
János ennyi kincset még csak nem is látott.

„Nos hát János vitéz, lyányom megmentője,"
Beszélt a király, „ez legyen tetted bére.
Vidd el mindenestül ezt a teli zsákot,
És boldogítsd vele magadat s mátkádat.

'I didn't ask her, when we said our farewells,
Not to offer her heart to anyone else,   790
And she never asked me to stay faithful too –
We both knew we never could be untrue.

'And so, pretty Princess, count me out of your life;
If I cannot have Nelly to be my dear wife,
No one else in this world shall I ever possess,   795
Though death leaves me alive, from forgetfulness.'

15

When the whole of John's history thus had been told,
His listeners' hearts were by no means left cold;
The Princess' cheeks shone with blotches and smears
As the sorrow and pity welled up through her tears.   800

In reply the King uttered these words to our John:
'Well, of course I won't force you to marry her, son;
But there's something, in thanks, I should now like to give,
Which I hope that you will not refuse to receive.'

At that the King opened his treasure-house door;   805
A servant stepped forth whom the King had sent for,
And he filled an enormous sack full up with gold:
Such a treasure John never before did behold.

'All right now, John the Valiant,' said the King regally,
'Here's a little reward for your great bravery.   810
Take this sackful of gold, drag the whole thing away,
And buy happiness with it for your fiancée.

Tartóztatnálak, de tudom, nem maradnál,
Kivánkozol lenni máris galambodnál,
Eredj tehát – hanem társid maradjanak;
Éljenek itt néhány mulatságos napnak."

Ugy volt biz az, amint mondotta a király,
János vitéz kivánt lenni galambjánál.
Búcsuzott a királylyánytól érzékenyül;
Aztán a tengerhez ment és gályára ült.

A király s a sereg elkisérte oda,
Tőlök sok „szerencsés jó utat" hallhata,
S szemeikkel néztek mindaddig utána,
Mig a nagy messzeség ködöt nem vont rája.

16

Ment János vitézzel a megindult gálya,
Szélbe kapaszkodott széles vitorlája,
De sebesebben ment János gondolatja,
Utjában semmi sem akadályoztatta.

János gondolatja ilyenforma vala:
„Hej Iluskám, lelkem szépséges angyala!
Sejted-e te mostan, milyen öröm vár rád?
Hogy hazatart kinccsel bővelkedő mátkád?

Hazatartok én, hogy végre valahára
Sok küszködés után legyünk egymás párja,
Egymás párja leszünk, boldogok, gazdagok;
Senki fiára is többé nem szorulok.

'I'd ask – but I know that you couldn't remain,
You're longing to coo with your dove once again,
So set off on your road, but let your friends stay,   815
Let them rest here a few days in pleasure and play.'

As the King had commanded, so then it was done,
For he did long to bill and coo, our Valiant John.
He took a fond leave of the King's pretty daughter;
Then he boarded a galley at the edge of the water.   820

The King and the troops walked him down to the ship,
And all of them wished him a prosperous trip,
And their eyes gazed on after his watery trail,
Till the distance concealed him in its misty veil.

16

Once John boarded ship, and the galley set forth,   825
In its billowing sails a breeze puffed from the north;
John's thoughts raced on faster ahead of the prow,
With nothing whatever to hinder them now.

John's thoughts, as they raced on, were forming like this:
'Hey, Nelly, fair angel, my soul's only bliss!   830
Do you feel any hint of your oncoming pleasure?
Your bridegroom is heading home, laden with treasure.

'I'm at last homeward bound, so when all's said and done,
After so many struggles, we two may be one,
We'll be happy and rich, I'll be under the thumb   835
Of no master, however hard-hearted and glum.

Gazduram ugyan nem legszebben bánt velem;
Hanem én őneki mindazt elengedem.
S igazság szerint ő oka szerencsémnek;
Meg is jutalmazom, mihelyt hazaérek."

Ezt gondolta János s több ízben gondolta,
Mialatt a gálya ment sebes haladva;
De jó messze volt még szép Magyarországtól,
Mert Franciaország esik tőle távol.

Egyszer János vitéz a hajófödélen
Sétált föl s alá az est szürkületében.
A kormányos ekkép szólt legényeihez:
„Piros az ég alja: aligha szél nem lesz."

Hanem János vitéz nem figyelt e szóra,
Feje fölött repült egy nagy sereg gólya;
Őszre járt az idő: ezek a madarak
Bizonyosan szülőföldéről szálltanak.

Szelíd epedéssel tekintett utánok,
Mintha azok neki jó hírt mondanának,
Jó hírt Iluskáról, szép Iluskájáról,
S oly régen nem látott kedves hazájáról.

17

Másnap, amint az ég alja jövendölte,
Csakugyan szél támadt, mégpedig nem gyönge.
Zokogott a tenger hánykodó hulláma
A zugó fergeteg korbácsolására.

'I confess that my squire didn't treat me just so;
All the same, I am willing to let the past go.
He's the reason behind my good luck, truth to tell;
As soon as I'm home, I'll reward him as well.'   840

These ideas of John's he kept thinking a lot,
While the galley went scudding along like a shot;
It was still quite some distance from fair Hungary,
Because France, from that land, lies far over the sea.

Late one day John the Valiant walked out on the deck   845
And at twilight was strolling along, up and back.
Not to him but the deckhands the helmsman then said:
'There'll be wind, lads, most likely: the horizon is red.'

John the Valiant, though, paid little heed to these words;
Overhead he saw flying a flock of large birds;   850
It was turning to autumn: the storks in this band
Could have only come winging from his native land.

With tenderest longing he gazed up at them,
As if they were bringing good tidings to him,
Good tidings of Nelly, his beautiful Nell,   855
And the long-lost homeland he loved so well.

17

The next morning fulfilled the horizon's forecast,
And a gale sprang up suddenly, no puny blast.
The ocean was sobbing at the wild waves crashing
And yelped at the whip of the fierce winds lashing.   860

Volt a hajó népe nagy megijedésben,
Amint szokott lenni olyan vad szélvészben.
Hiába volt minden erőmegfeszítés,
Nem látszott sehonnan érkezni menekvés.

Sötét felhő is jön; a világ elborúl,
Egyszerre megdördül az égiháború,
Villámok cikáznak, hullnak szanaszerte;
Egy villám a hajót izről porrá törte.

Látszik a hajónak diribje-darabja,
A holttesteket a tenger elsodorja.
Hát János vitéznek milyetén sors jutott?
Őt is elsodorták a lelketlen habok?

Hej biz a haláltól ő sem volt már messze,
De mentő kezét az ég kiterjesztette,
S csodálatos módon szabadította meg,
Hogy koporsója a habok ne legyenek.

Ragadta őt a víz magasra, magasra,
Hogy tetejét érte már a felhő rojtja;
Ekkor János vitéz nagy hirtelenséggel
Megkapta a felhőt mind a két kezével.

Belekapaszkodott, el sem szalasztotta,
S nagy erőködéssel addig függött rajta,
Mígnem a felhő a tengerparthoz ére,
Itten rálépett egy szikla tetejére.

The boatmen all feared they should soon come to harm,
As will commonly happen in such a loud storm.
They were straining their sinews, but all was in vain,
They had nowhere to flee on the billowing main.

Dark clouds were collecting, the whole world turned black,   865
The thunderstorm gave out a gigantic 'CRACK!'
The lightning went zigzagging, falling all scattered;
With one bolt, the vessel was splintered and shattered.

A flotsam of boat bits was strewn on the foam,
With the bodies of men who would never sail home.   870
And Valiant John's fortune, what was it that day?
Did the merciless waves sweep him also away?

Oh, death was not far from him either, and –
Then Heaven extended a helping hand,
A miraculous craft to carry him off,   875
So he wouldn't be buried in the ocean's deep trough.

He was tossed by the water up higher than high,
Till the crest touched a cloud fringe that hung from the sky;
John the Valiant attempted a desperate snatch
At the cloud with both hands and – hurrah! made a catch!   880

When he'd caught it, he clung tight and wouldn't let go,
But wriggled there, dangling suspended below
Until he and the cloud had arrived at the coast,
Where he stepped on the peak that towered up uppermost.

Először is hálát adott az istennek,
Hogy életét ekkép szabadította meg;
Nem gondolt vele, hogy kincsét elvesztette,
Csakhogy el nem veszett a kinccsel élete.

Azután a szikla tetején szétnézett,
Nem látott mást, csupán egy grifmadár-fészket.
A grifmadár épen fiait etette,
Jánosnak valami jutott az eszébe.

Odalopózkodott a fészekhez lassan,
És a grifmadárra hirtelen rápattan,
Oldalába vágja hegyes sarkantyúját,
S furcsa paripája hegyen-völgyön túlszállt.

Hányta volna le a madár nyakra-főre,
Lehányta volna ám, ha bírt volna véle,
Csakhogy János vitéz nem engedte magát,
Jól átszorította derekát és nyakát.

Ment, tudj' az isten hány országon keresztül;
Egyszer, hogy épen a nap az égre kerül:
Hát a viradatnak legelső sugára
Rásütött egyenest faluja tornyára.

Szent isten! hogy örült ennek János vitéz,
Az öröm szemébe könnycseppeket idéz;
A madár is, mivel szörnyen elfáradt már,
Vele a föld felé mindinkább közel jár.

He rendered his 'thank-you's to God right away,   885
Who had spared him to live for at least one more day;
And he had no regrets for his treasure forsaken,
Since his own treasured life had escaped from being taken.

When he gazed all around at the rock-littered crest,
He saw nothing of note but a griffin's nest.   890
The griffin was feeding her brood on the shelf:
Then a scheme in John's brain began hatching itself.

He stole up to the nest, and the bird didn't blink,
And he jumped on the griffin's back quick as a wink,
He dug his sharp spurs in her flanks, and he steered   895
Over hollows and hills on his charger so weird.

Oh, thrown him down headlong the griffin would have,
Yes, dashed him to pieces, if she only could have,
But brave John the Valiant, he just wouldn't let her,
And he clung to her waist and her neck all the better.   900

Over how many countries she'd crossed, Heaven knows,
When suddenly, just as the bright sun arose:
Well, the very first ray of the glittering dawn
Straight onto John's village's steeple shone.

Lord, how John was delighted at such a surprise,   905
So delighted the teardrops came into his eyes;
But as for the griffin, she was monstrously tired –
And was drooping to earth, which was what John desired.

Le is szállott végre egy halom tetején,
Alig tudott venni lélekzetet szegény,
János leszállt róla és magára hagyta,
És ment, elmerülve mély gondolatokba.

„Nem hozok aranyat, nem hozok kincseket,
De meghozom régi hűséges szívemet,
És ez elég neked, drága szép Iluskám!
Tudom, hogy nehezen vársz te is már reám."

Ily gondolatokkal ért a faluvégre,
Érintette fülét kocsiknak zörgése,
Kocsiknak zörgése, hordóknak kongása;
Szüretre készült a falu lakossága.

Nem figyelmezett ő szüretremenőkre,
Azok sem ismertek a megérkezőre;
A falu hosszában ekképen haladott
A ház felé, ahol Iluskája lakott.

A pitvarajtónál be reszketett keze,
S mellében csakhogy el nem állt lélekzete;
Benyitott végtére – de Iluska helyett
Látott a pitvarban idegen népeket.

„Tán rosz helyen járok" gondolta magában,
És a kilincs megint volt már a markában…
„Kit keres kegyelmed?" nyájasan kérdezte
János vitézt egy kis takaros menyecske.

She drifted down, drifting at last to a stop,
Out of breath, poor thing, on a little hilltop;   910
John dismounted, and leaving her there to her lot,
Off he walked, altogether wrapped up in his plot.

'I don't bring you treasure, I don't bring you gold,
But I bring you my faithful heart as of old,
And Nelly, my darling, I hope that will do!   915
I know you've been waiting as faithfully, too.'

Thus he thought as he walked, while the village drew near,
And a clatter of carts assailed his ear,
A clatter of carts and a booming of casks,
As the people prepared for the grape-harvest tasks.   920

To the grape-harvest workers he paid no attention,
Nor did they find this newcomer worthy of mention;
So on down the length of the village he stepped
Towards the house which he knew was where Nelly had slept.

At the porch door, he lifted his hand, but it faltered;   925
In his breast, how his breath nearly stopped, and then altered;
At last, he threw open the door, but in place
Of his Nelly a stranger stared into his face.

'Perhaps it's the wrong house I've come to,' he thought,
And he reached for the handle to pull the door shut…   930
'Who is it you're looking for?' she enquired kindly,
A trim thing, to John who stood gaping there blindly.

Elmondotta János, hogy kit és mit keres...
„Jaj, eszem a szívét, a naptól oly veres!
Bizony-bizony alighogy reáismértem,"
Szólott a menyecske meglepetésében.

„Jőjön be már no, hogy az isten áldja meg,
Odabenn majd aztán többet is beszélek."
Bevezette Jánost, karszékre ültette,
S így folytatta ismét beszédét mellette:

„Ismer-e még engem? nem is ismer talán?
Tudja, én vagyok az a kis szomszédleány,
Itt Iluskáéknál gyakran megfordúltam..."
„Hanem hát beszéljen csak: Iluska hol van?"

Szavaiba vágott kérdezőleg János,
A menyecske szeme könnytől lett homályos.
„Hol van Iluska, hol?" felelt a menyecske,
„Szegény Jancsi bácsi!... hát el van temetve."

Jó, hogy nem állt János, hanem ült a széken,
Mert lerogyott volna kínos érzésében;
Nem tudott mást tenni, a szívéhez kapott,
Mintha ki akarná tépni a bánatot.

Igy ült egy darabig némán merevedve,
Azután szólt, mintha álmából ébredne:
„Mondjatok igazat, ugye hogy férjhez ment?
Inkább legyen férjnél, mintsem hogy odalent.

Whom he looked for, John told her, who he was who'd come back…
'Oh my, John! Your face is so sunburned and cracked!
Good heavens, I never would recognise –'   935
The young woman blurted in total surprise.

'Come in, though, come in – you're welcome, God bless,
Come in, we've got lots to talk over, I guess.'
She ushered John in, sat him down on a seat,
And carried on thus, sitting close by his feet: 940

'You don't know me? You don't think you've seen me before?
You know me – the little girl living next door
Who was always at Nelly's house, in and out…' 'Well,
Don't stop, go on, tell me now – where is Nell?'

Cutting her words off, John perseveres,   945
And the young woman's eyes grow misty with tears.
'Where is Nelly, where?' she had to respond;
'Ah, poor Uncle Johnny!… She's gone under the ground.'

Good thing John was sitting, for his sickened feeling,
If he'd been on his feet, would have toppled him reeling;   950
With his fist clenched he clawed at his breast for relief,
As if he were trying to rip out his grief.

There he sat for a while, not just silent but numb,
Waking out of a dream, till a few words could come:
'Tell the truth, she got married? I wouldn't care.   955
Better here with a husband than down under there.

Akkor legalább még egyszer megláthatom,
S édes lesz nekem e keserű jutalom."
De a menyecskének orcáján láthatta,
Hogy nem volt hazugság előbbi szózata.

18

János reáborúlt az asztal sarkára,
S megeredt könnyének bőséges forrása,
Amit mondott, csak úgy töredezve mondta,
El-elakadt a nagy fájdalomtól hangja:

„Miért nem estem el háború zajában?
Miért a tengerben sírom nem találtam?
Miért, miért lettem e világra, miért?
Ha ily mennykőcsapás, ilyen gyötrelem ért!"

Kifáradt végre őt kínozni fájdalma,
Mintha munkájában elszenderűlt volna,
„Hogy halt meg galambom? mi baj lett halála?"
Kérdé, s a menyecske ezt felelte rája:

„Sok baja volt biz a szegény teremtésnek;
Kivált mostohája kinzása töré meg,
De meg is lakolt ám érte a rosz pára,
Mert jutott inséges koldusok botjára.

Aztán meg magát is szörnyen emlegette,
Jancsi bácsi; ez volt végső lehellete:
Jancsikám, Jancsikám, az isten áldjon meg,
Másvilágon, ha még szeretsz, tied leszek.

'Then at least I could glimpse her from time to time,
That bittersweet recompense still would be mine.'
But he saw from the look in the young woman's eye
What she'd told him before had not been a lie.   960

18

John lowered his head to the table and cried,
Many tears began flowing from deep down inside,
Any words he could speak were fragmented and brief,
As his voice kept being broken apart by his grief.

'Why didn't the clamour of battle claim me?   965
Why didn't I find my grave in the sea?
Why, why do I live in this world, tell me why?
If such torments and lightning bolts strike from the sky?'

His sorrow at last grew too weary to weep,
Worn out from hard labour, it dropped off to sleep.   970
'And how – what's the reason my dearest one's dead?'
He asked the young woman. And here's what she said:

'The poor creature suffered from many a woe;
Her stepmother broke her with many a blow,
But that wicked old witch didn't have the last laugh,   975
She hobbled away on a beggar's staff.

'Nelly talked about you to her very last day,
Uncle Johnny. The last words we heard her to say
Were: "Johnny, I pray that the good Lord may bless you.
I hope in the next world I still may caress you."   980

Ezek után kimult az árnyékvilágból;
A temetőhelye nincsen innen távol.
A falu népsége nagy számmal kisérte;
Minden kisérője könnyet ejtett érte."

Kérelemszavára a szíves menyecske
Jánost Iluskája sírjához vezette;
Ottan vezetője őt magára hagyta,
Lankadtan borúlt a kedves sírhalomra.

Végiggondolta a régi szép időket,
Mikor még Iluska tiszta szive égett,
Szíve és orcája – s most a hideg földben
Hervadtan, hidegen vannak mind a ketten.

Leáldozott a nap piros verőfénye,
Halovány hold lépett a napnak helyébe,
Szomorún nézett ki az őszi homályból,
János eltántorgott kedvese hantjától.

Még egyszer visszatért. A sírhalom felett
Egyszerű kis rózsabokor nevelkedett.
Leszakította a virágszálat róla,
Elindult s mentében magában így szóla:

„Ki porából nőttél, árva kis virágszál,
Légy hűséges társam vándorlásaimnál;
Vándorlok, vándorlok, a világ végeig,
Míg kivánt halálom napja megérkezik."

'Saying this, she took leave of this vale of tears;
Her burial site is a short way from here.
A large crowd of village folk walked there to see;
And all who attended wept copiously.'

The kindly young woman then, at his request,   985
Led John to his Nelly's place of rest,
After which she departed and left him alone,
Where he sank on her dear, mournful grave with a groan.

He remembered the bountiful days that had been,
When the flame in Nell's heart still burned bright and clean,   990
In her heart and her face – which were both now stone cold
In the cold, cold earth, withering into the mould.

The bright sun was sinking with its rosy rays,
And a pallid moon moving in took the sun's place,
On the grey autumn twilight it woefully gave,   995
As John stumbled away from his darling one's grave.

But first he turned back. On the burial mound
A simple red rosebush sprang out of the ground,
He plucked but a single bud, pausing to pray
It would lend him its aid on his difficult way: 1000

'Orphan bud, you were nourished by Nelly's sweet dust,
On my wanderings be a true friend I can trust;
I will wander, wander, to the ends of the earth,
Till I come to the longed-for day of my death[5].'

János vitéznek volt utjában két társa:
Egyik a búbánat, amely szívét rágta,
Másik a kardja volt, bedugva hüvelybe,
Ezt a török vértől rozsda emésztette.

Bizonytalan úton ezekkel vándorolt.
Már sokszor telt s fogyott a változékony hold,
S váltott a téli föld szép tavaszi ruhát,
Mikor így szólítá meg szíve bánatát:

„Mikor unod már meg örökös munkádat,
Te a kínozásban telhetetlen bánat!
Ha nem tudsz megölni, ne gyötörj hiába;
Eredj máshova, tán akadsz jobb tanyára.

Látom, nem te vagy az, ki nekem halált hoz,
Látom, a halálért kell fordulnom máshoz.
Máshoz fordulok hát; ti viszontagságok!
Óhajtott halálom tán ti meghozzátok."

Ezeket gondolta s elhagyta bánatát,
Ez szivéhez vissza most már csak néha szállt,
Hanem ismét eltünt; (mert be volt az zárva,
S csak egy könnycseppet tett szeme pillájára.)

Utóbb a könnyel is végkép számot vetett,
Csupán magát vitte a megunt életet,
Vitte, vitte, vitte egy sötét erdőbe,
Ott szekeret látott, amint belelépe.

19

Two way-fellows stood by our John from the start: 1005
One the great grief which gnawed at his heart,
The other, thrust into its scabbard, his blade,
Rust eating it out from Turkish blood.

He had wandered with these over mountain and plain,
While he watched the moon frequently wax and wane,   1010
And the winter earth change into fresh spring dress,
When he muttered these words to his sorrowfulness:

'Will you never grow tired of your unceasing labour,
You, Grief, who remain my insatiable neighbour!
You don't kill me, you torture me day after day;   1015
Go and find somewhere else a more suitable prey.

'I know it's not you who will bring me my death,
I know someone else must release my last breath.
So I turn to that someone: Adversities, you!
Maybe you will deliver the death that I woo.'   1020

John was thinking these thoughts as he waved off his grief.
Now and then it flew back, but its visits were brief,
It would vanish again (since his heart springs were dry),
Leaving only one tear on the lash of each eye.

At last the tears too faded into the distance,   1025
And he dragged himself wearily through his existence,
Till one day he came to a dark forest, dragging,
And as he dragged in there, he noticed a wagon.

Fazekasé volt a szekér, melyet látott;
Kereke tengelyig a nagy sárba vágott;
Ütötte lovait a fazekas, szegény,
A szekér azt mondta: nem mozdulok biz én.

„Adj' isten jó napot" szólott János vitéz;
A fazekas rútul a szeme közé néz,
S nagy boszankodással im ezeket mondja:
„Nem nekem... van biz az ördögnek jó napja."

„Be rosz kedvben vagyunk" felelt neki János.
„Hogyne? mikor ez az út olyan posványos.
Nógatom lovamat már reggeltől kezdve;
De csak úgy van, mintha le volna enyvezve."

„Segíthetünk azon... de mondja meg kend csak,
Ezen az úton itt vajjon hova jutnak?"
Kérdé János vitéz egy útra mutatva,
Mely az erdőt jobbra végighasította.

„Ezen az úton itt? dejsz erre ne menjen,
Nem mondok egyebet;... odavesz különben.
Óriások lakják ott azt a vidéket,
Nem jött ki még onnan, aki odalépett."

Felelt János vitéz: „Bizza kend azt csak rám.
Mostan a szekérhez lássunk egymás után."
Így szólott, aztán a rúd végét megkapta,
S csak tréfamódra a sárból kiragadta.

The wagon he noticed belonged to a potter,
It was mired to the axle in deep muddy water;   1030
The potter, poor fellow, kept whipping his beast,
The wagon just grunted: 'I won't budge in the least.'

'God give you good day,' John the Valiant sang out;
The potter glared rudely at him in a pout,
And ill-manneredly said with enormous vexation: 1035
'Not for me… for the devil it's good, and his nation.'

'Aren't we in a bad mood?' John answered him back.
'Yes we are, when this roadway is such a bog track.
I've been goading my horse through it ever since dawn;
But that wagon just sits there, as if it's glued down.'   1040

'I will lend you a hand… but first tell me, indeed,
If I follow that highway, just where will it lead?'
John the Valiant enquired, indicating a road
That slashed across off to the right through the wood.

'You mean that one there? That's no road to be followed,   1045
You'll vanish forever… in a gulp you'll be swallowed;
Great giants live there in that territory,
No one ever came back who crossed over to see.'

'As for that,' John replied, 'best let me be the judge.   1050
Now as for your wagon, I'll give it a nudge.'
Saying this, and then grappling the end of the rod,
As if joking, he wrenched the cart free from the mud.

Volt a fazekasnak jó nagy szeme, szája,
De mégis kicsiny volt az álmélkodásra;
Amire föleszmélt, hogy köszönjön szépen,
János vitéz már jól benn járt az erdőben.

János vitéz ment, és elért nemsokára
Az óriásföldnek félelmes tájára.
Egy vágtató patak folyt a határ mellett:
Hanem folyónak is jóformán beillett.

A pataknál állt az óriásföld csősze;
Mikor János vitéz a szemébe néze,
Oly magasra kellett emelnie fejét,
Mintha nézné holmi toronynak tetejét.

Óriások csősze őt érkezni látta,
S mintha mennykő volna, így dörgött reája:
„Ha jól látom, ott a fűben ember mozog; –
Talpam úgyis viszket, várj, majd rád gázolok."

De az óriás amint rálépett volna,
János feje fölött kardját föltartotta,
Belelépett a nagy kamasz és elbődült,
S hogy lábát felkapta: a patakba szédült.

„Éppen úgy esett ez, amint csak kivántam,"
János vitéznek ez járt gondolatában;
Amint ezt gondolta, szaladni is kezdett,
S az óriás felett átmente a vizet.

The potter had very big eyes, a huge maw,
But they all were too small to display his great awe;
By the time he came to, to express gratitude,   1055
John the Valiant was well on his way through the wood.

John the Valiant marched on, and shortly he neared
The Land of the Giants, so dreaded and feared.
A galloping brook flowed alongside the border:
Though to call it a river would be quite in order.   1060

By the brook stood the Giant Land guard in his place;
For Valiant John ever to stare in his face,
He'd have needed to lift his head over the people,
As if he could gaze eye-to-eye at a steeple.

The giants' guard spotting him quickly turned grim,   1065
And he boomed out a thunderous challenge to him:
'What's that in the grass, a man moving about?
My sole's itchy – halt! or I'll stamp you right out.'

But just as the giant was starting to tread,
John held his sharp sword straight up over his head,   1070
The big awkward booby stepped on it and yelled:
As he grabbed for his foot, in the brook he was felled.

'Just about where I wanted him to, he's reclined,'
Was the thought that came instantly into John's mind;
And as soon as he'd thought it, he started to sprint   1075
And crossed over the water on top of the giant.

Az óriás még föl nem tápászkodhatott,
Amint János vitéz a túlpartra jutott,
Átjutott és nekisuhintva szablyáját,
Végigmetszette a csősz nyaka csigáját.

Nem kelt föl többé az óriások csősze,
Hogy a rábizott tájt őrző szemmel nézze;
Napfogyatkozás jött szeme világára,
Melynek elmulását hasztalanúl várta.

Keresztülfutott a patak vize testén;
Veres lett hulláma vértől befestvén. –
Hát Jánost mi érte, szerencse vagy inség?
Majd meghalljuk azt is, várjunk csak kicsinnyég.

20

János az erdőben mindig beljebb haladt;
Sokszor meg-megállt a csodálkozás miatt,
Mert nem látott minden léptében-nyomában
Olyat, amit látott Óriásországban.

Volt ennek a tájnak sok akkora fája,
Hogy a tetejöket János nem is látta.
Aztán olyan széles volt a fák levele,
Hogy szűrnek is untig elég volna fele.

A szunyogok itten akkorákra nőttek,
Hogy ökrök gyanánt is máshol elkelnének.
Volt is mit aprítni János szablyájának;
Minthogy feléje nagy mennyiségben szálltak.

The giant could never quite manage to stand
All the while John was nearing the opposite strand;
When he reached it, he slashed with his sword, made a hack
In the sentry's neck all the way through to the back.   1080

The giants' guard never did get to his feet,
The duties assigned him he couldn't complete;
There came over his eyes an eclipse of the sun,
Which he waited and waited in vain to be done.

The brook's water galloped right over his body;   1085
The surges his blood had dyed rolled along ruddy –
And what about John, sturdy fortune or brittle?
Well, we'll hear about that, if we wait just a little.

20

John made his way on and on into the wood;
Many times in amazement he halted and stood,   1090
Since on everyday journeys he never would see
The marvels he glimpsed in the giants' country.

This land had a great stand of timber so tall,
Valiant John couldn't see to the treetops at all.
Besides that, the leaves of the trees were so wide   1095
One could serve as a coat you'd fit snugly inside.

The mosquitoes here grew so enormously big,
You could sell them elsewhere as oxen or pigs.
From hacking and hewing John's sabre grew warm,
But they still kept on buzzing around in a swarm.   1100

Hát még meg a varjúk!... hú, azok voltak ám!
Látott egyet űlni egyik fa sudarán,
Lehetett valami két mérföldre tőle,
Mégis akkora volt, hogy felhőnek vélte.

Így ballagott János bámulva mód nélkül,
Egyszerre előtte valami sötétül.
Az óriás király nagy fekete vára
Volt, ami sötéten szeme előtt álla.

Nem hazudok, de volt akkora kapuja,
Hogy, hogy... biz én nem is tudom, hogy mekkora,
Csakhogy nagy volt biz az, képzelni is lehet;
Az óriás király kicsit nem építtet.

Hát odaért János s ekkép elmélkedék:
„A külsejét látom, megnézem belsejét;"
S nem törődve azon, hogy majd megugratják,
Megnyitotta a nagy palota ajtaját.

No hanem hisz ugyan volt is mit látnia!
Ebédelt a király s tudj' isten hány fia.
Hanem mit ebédelt, ki nem találjátok;
Gondolnátok-e, mit? csupa kősziklákat.

Mikor János vitéz a házba belépett,
Nem igen kivánta meg ezt az ebédet;
De az óriások jószivü királya
Az ebéddel őt ily szépen megkinálta:

Not to mention the crows!... What a sight to be seen!
Far away on a treetop he noticed one preen,
It must have been two miles away, he allowed,
Yet so huge that it looked like a heavy black cloud.

John walked through this region extremely amazed,   1105
When before him a thick shadow blackly upraised.
What was it that suddenly loomed over him?
The Giant King's castle all darkened and dim.

I tell you no lie, but its gate was so hulking,
That, that... well, I can't even tell you how bulking,   1110
Yet you'd have to agree that it must have been tall;
The Giant King couldn't build anything small.

So John walked up thinking, 'I've seen the outside,
Let's go in and inspect,' and he swung the gate wide,
And not worrying whether they'd meet him with malice,   1115
He strode through the door of the gigantic palace.

Now I tell you he saw something strange! Eating buns
Sat the King and his God-knows-how-many big sons.
But the buns that they lunched on – you'll never guess what –
Were pure rocks! Did you guess it? I rather think not.   1120

At the time John the Valiant stepped in with that bunch,
He didn't much want to partake of their lunch;
But the giants' kind, generous-hearted old King
Very prettily made him this lunch offering:

„Ha már itt vagy, jöszte és ebédelj velünk,
Ha nem nyelsz kősziklát, mi majd téged nyelünk;
Fogadd el, különben száraz ebédünket
Ízről porrá morzsolt testeddel sózzuk meg."

Az óriás király ezt nem ugy mondotta,
Hogy János tréfára gondolhatta volna;
Hát egész készséggel ilyen szókkal felelt:
„Megvallom, nem szoktam még meg ez eledelt;

De ha kivánjátok, megteszem, miért ne?
Társaságotokba beállok ebédre,
Csupán egyre kérlek, s azt megtehetitek,
Számomra előbb kis darabot törjetek."

Letört a sziklából valami öt fontot
A király, s a mellett ily szavakat mondott:
„Nesze, galuskának elég lesz e darab,
Aztán gombócot kapsz, hanem összeharapd."

„Harapod bizony te, a kínos napodat!
De fogadom, bele is törik a fogad!"
Kiáltott fel János haragos beszéddel,
S meglódította a követ jobbkezével.

A kő ugy a király homlokához koppant,
Hogy az agyveleje azonnal kiloccsant.
„Igy híj meg máskor is kőszikla-ebédre,"
Szólt s kacagott János „ráforrt a gégédre!"

'Since you're already here, come and have some lunch too,   1125
If you won't munch our rocks, later on we'll munch you;
Here, take one, or else (if you follow my reasoning)
We'll crumble your body on our lunch for seasoning.'

The Giant King did not say this in a way
That suggested to John that he meant it in play;   1130
So John answered, in terms of complete willingness:
'I'm not really used to such food, I confess;

'But if that's what you've got, I'll accept it, why not?
I shall join you for lunch (and I won't eat a lot),
Only one thing I beg, something easy to do,   1135
Would you break off a little wee chunk I can chew?'

The King broke a bit off, of roughly five pounds
And all through the castle his challenge resounds:
'There, take that, for noodles this wee lump will do well,
And next course we'll give you a dumpling, so chew well.'   1140

'You can chew well yourself, have a horrible day!
But I bet this will make your teeth crack and give way!'
John shouted straight up in a voice far from soft –
With his right hand he hurtled the rock high aloft.

Against the King's forehead the stone thudded so,   1145
That his brains splattered out and about from the blow.
'You asked me to join you for rock lunch, haw-haw,'
Said John laughing hard, 'Let it stick in your craw!'

És az óriások elszomorodának
Keserves halálán a szegény királynak,
S szomorúságokban elfakadtak sírva…
Minden csepp könnyök egy dézsa víz lett volna.

A legöregebbik szólt János vitézhez:
„Urunk és királyunk, kegyelmezz, kegyelmezz!
Mert mi téged ime királynak fogadunk,
Csak ne bánts minket is, jobbágyaid vagyunk!"

„Amit bátyánk mondott, közös akaratunk,
Csak ne bánts minket is, jobbágyaid vagyunk!"
A többi óriás ekképen esengett,
„Fogadj el örökös jobbágyidúl minket."

Felelt János vitéz: „Elfogadom tehát
Egy kikötéssel a kendtek ajánlatát.
Én itt nem maradok, mert tovább kell mennem,
Itt hagyok valakit királynak helyettem.

Már akárki lesz is, az mindegy énnekem.
Kendtektől csupán ez egyet követelem:
Amidőn a szükség ugy hozza magával,
Nálam teremjenek kendtek teljes számmal."

„Vidd, kegyelmes urunk, magaddal e sípot,
S ott leszünk, mihelyest jobbágyidat hívod."
Az öreg óriás ezeket mondotta,
S János vitéznek a sípot általadta.

Now the rest of the giants were shaking with grief
At the pitiful death of the poor Giant Chief.   1150
They burst into sorrowful weepings and wails…
One pair of their teardrops would fill up two pails.

To our bold John the Valiant the eldest implored:
'Have mercy, have mercy, our master and lord!
We accept thee as King, whom we'll willingly serve,   1155
We shall be thy true serfs if our lives thou'lt preserve!'

'What our brother hath said is our common desire,
Please do us no harm, for thy serfs we are, sire!'
The rest of the giants beseeched our John thus,
'As thy own serfs for ever, Lord, please receive us.'   1160

John the Valiant replied: 'Yes, I shall now receive,
With one stipulation, the service you give.
Since I cannot stay here, I must be on my way,
I'll leave one of your number as king in my sway.

'Whichever it is, though, to me's all the same.   1165
But I have one demand of you, one future claim:
If ever my fortunes should run me in trouble,
When I call, you'll appear at my side on the double.'

'Take, merciful master, this whistle with thee,
And wherever thou summon'st thy serfs, there we'll be.'   1170
The eldest of giants said this, and anon
He handed the whistle to our Valiant John.

János bedugta a sípot tarsolyába,
Kevélyen gondolva nagy diadalmára,
És számos szerencse-kivánások között
Az óriásoktól aztán elköltözött.

21

Nem bizonyos, mennyi ideig haladott,
De annyi bizonyos, mennél tovább jutott,
Annál sötétebb lett előtte a világ,
S egyszerre csak annyit vesz észre, hogy nem lát.

„Éj van-e vagy szemem világa veszett ki?"
János vitéz ekkép kezdett gondolkodni.
Nem volt éj, nem veszett ki szeme világa,
Hanem hogy ez volt a sötétség országa.

Nem sütött az égen itt sem nap, sem csillag;
János vitéz csak ugy tapogatva ballag,
Néha feje fölött elreppent valami,
Szárnysuhogás-formát lehetett hallani.

Nem szárnysuhogás volt az tulajdonképen,
Boszorkányok szálltak arra seprőnyélen.
Boszorkányoknak a sötétség országa
Rég ideje a, hogy birtoka, tanyája.

Ország gyülését őkelmök itt tartanak,
Éjfél idejében idelovaglanak.
Most is gyülekeznek ország gyülésére
A sötét tartomány kellő közepére.

Valiant John shoved the whistle deep into his pack,
On his latest great triumph now turning his back,
And amid many shouts for good luck on the road   1175
Away from the Land of the Giants he strode.

21

How much of the next year in walking he spent
Isn't certain, but this is: the further he went,
The darker before him the world came to be,
Till he suddenly saw he could no longer see.   1180

'Have my eyes lost their sight, has the sun's lamp burned out?'
Was the thought that John started to wonder about.
But he hadn't gone blind, nor had day turned to night,
For this land was the Country of Darkness, all right.

Not a star shone by night, nor the sun shone by day;   1185
John the Valiant went cautiously groping his way,
Now and then something fluttered high over his head,
A sound like the rustling of wings, he'd have said.

But it wasn't the rustling of wings in the air,
It was witches on broomsticks who were flying up there.   1190
For this Country of Darkness belonged to the witches,
For ages they'd ruled with their brooms and their switches.

The fine ladies here hold their national gathering,
At the last stroke of midnight they ride up a-lathering.
From all over the nation they meet here together   1195
In the heart of their darkness, whatever the weather.

Egy mélységes barlang fogadta be őket,
A barlang közepén üst alatt tűz égett.
Ajtó nyilásakor meglátta a tüzet
János vitéz s annak irányán sietett.

Mikor János vitéz odaért: valának
Egybegyülekezve mind a boszorkányok.
Halkan lábujjhegyen a kulcslyukhoz mene,
Furcsa dolgokon is akadt meg a szeme.

A sok vén szipirtyó benn csakugy hemzsegett.
Hánytak a nagy üstbe békát, patkány-fejet,
Akasztófa tövén nőtt füvet, virágot,
Macskafarkat, kigyót, emberkoponyákat.

De ki tudná sorra mind előszámlálni?
Csakhogy János mindjárt át kezdette látni,
Hogy a barlang nem más, mint boszorkánytanya.
Erre egy gondolat agyán átvillana.

Tarsolyához nyúlt, hogy sípját elővegye,
Az óriásoknak hogy jőjön serege,
Hanem megakadt a keze valamiben,
Közelebb vizsgálta s látta, hogy mi legyen.

A seprők voltak ott egymás mellé rakva,
Miken a boszorkány-nép odalovagla.
Fölnyalábolta és messzire elhordá,
Hogy a boszorkányok ne akadjanak rá.

They all were ensconced in a bottomless cavern,
In the middle a bright fire blazed under a cauldron.
John the Valiant caught sight of the fire when the door
Had been opened, which he then hurried towards.   1200

By the time John the Valiant had reached it, though, all
Of the witches had gathered inside of their hall.
To the keyhole on tiptoe he silently went,
And his eye witnessed many an eerie event.

The place was abuzz with a flock of old hags.   1205
In the massive great cauldron they tossed rats and frogs,
Grass that grew by a gallows, and blood-red geraniums,
Cats' tails, and black snakes, and human craniums.

Who could list them all off, rank and file, the whole crew?
Yet John figured out, in a second or two,   1210
What this cavern must be, was a witches' den.
And a clever idea occurred to him then.

He reached for his satchel, to pull out his whistle,
That his giants might come with their sinew and gristle,
But his hand caught on something; to find out the cause 1215
He examined it closer, and felt what it was.

It was brooms that were laid in a stack side by side,
On which the witch-women had ridden their ride.
He bundles them up and he drags them off far,
So the witches won't readily find where they are.   1220

Ekkor visszatért és sípjával füttyentett
És az óriások rögtön megjelentek.
„Rajta, törjetek be szaporán, legények!"
Parancsolá János, s azok betörének.

No hisz keletkezett cifra zenebona;
A boszorkánysereg gyorsan kirohana;
Keresték a seprőt kétségbeeséssel,
De nem találták, s így nem repülhettek el.

Az óriások sem pihentek azalatt,
Mindenikök egy-egy boszorkányt megragadt,
S úgy vágta a földhöz dühös haragjába',
Hogy széjjellapultak lepények módjára.

Legnevezetesebb a dologban az volt,
Hogy valahányszor egy-egy boszorkány megholt,
Mindannyiszor oszlott az égnek homálya,
S derült lassanként a sötétség országa.

Már csaknem egészen nap volt a vidéken,
Az utolsó banya volt a soron épen…
Kire ismert János ebbe' a banyába'?
Hát Iluskájának mostohaanyjára.

„De, kiáltott János, ezt magam döngetem."
S óriás kezéből kivette hirtelen,
Hanem a boszorkány kicsusszant markából,
Uccu! szaladni kezd, és volt már jó távol.

Then John blew his whistle as loud as could be,
And the giants flew to him immediately.
'Break the door in, and quickly, my lads! Go ahead!'
John commanded, and quickly they did what he said.

Then the legion of witches all sallied abroad;   1225
Pandemonium reigned as they cackled and cawed;
They searched for their broomsticks with desperate eye,
But they couldn't locate them, and so couldn't fly.

The giants weren't loafing while that was going on,
For each of them snatched up a witch, one by one,   1230
And they slammed them to earth with such furious wrath,
They were flattened like pancakes all over the path.

The most notable part of the business was this,
Every time that a witch was snuffed out (with a hiss),
The obscurity partially disappeared,   1235
And slowly the Country of Darkness was cleared.

It was almost entirely light in the region,
And the turn of the very last witch of the legion…
And whom did John recognise in this last witch?
Well – his Nelly's stepmother, that heartless old bitch.   1240

'Wait a bit!' John cried out. 'This one I'd like to slam,'
And he lifted her out of his giant-serf's palm,
But the witch slipped free from his grasp, and hey –
With a swoosh! she's running, and well away.

„A keserves voltát, rugaszkodj utána!"
Kiáltott most János egyik óriásra.
Szót fogadott ez, és a banyát elkapta,
És a levegőbe magasra hajtotta.

Igy találták meg az utolsó boszorkányt
Halva, János vitéz faluja határán;
S minthogy minden ember gyülölte, utálta,
Mégcsak a varju sem károgott utána.

Sötétség országa kiderült végképen,
Örökös homálynak napfény lett helyében,
János vitéz pedig rakatott nagy tüzet,
A tűz minden seprőt hamuvá égetett.

Az óriásoktól azután bucsút vett,
Szivükre kötvén a jobbágyi hűséget.
Ezek igérték, hogy hűségesek lesznek,
S János vitéz jobbra és ők balra mentek.

22

Vándorolgatott az én János vitézem,
Meggyógyult már szíve a bútól egészen,
Mert mikor keblén a rózsaszálra nézett,
Nem volt az többé bú, amit akkor érzett.

Ott állott a rózsa mellére akasztva,
Melyet Iluskája sírjárol szakaszta,
Valami édesség volt érezésében,
Ha János elmerült annak nézésében.

'Oh blast her, dash after her, quickly, boy, run!'   1245
John yelled to a giant, the handiest one.
The giant obeyed, and he instantly plucked her,
And high aloft into the air he chucked her.

This explains how that witch was found, flattened and dead,
On Valiant John's village's border, they said;   1250
And since everyone hated that creature, and loathed her,
Even crows wouldn't dig through the tatters that clothed her.

The Country of Darkness was freed from its doom,
As sunlight replaced its perpetual gloom,
John had a big fire laid, with plenty of tinder,   1255
On which every broomstick was burnt to a cinder.

To his giant-serfs Valiant John then bade goodbye,
Reminding them they'd pledged him their fealty.
They promised that they would remain honour-bright,
And they left to the left while John left to the right.   1260

22

My good John the Valiant went wandering on,
The grief in his heart had now healed and was gone,
When he glanced at the rose on his breast on the morrow,
He no longer felt so oppressed by his sorrow.

The rose was fixed there, hanging freshly with grace,   1265
Which he'd plucked from his Nelly's burial place,
And it still held a sweetness that Valiant John felt,
When musing he gazed at its petals, or smelt.

Igy ballagott egyszer. A nap lehanyatlott,
Hagyva maga után piros alkonyatot;
A piros alkony is eltünt a világról,
Követve fogyó hold sárga világától.

János még ballagott; amint a hold leszállt,
Ő fáradottan a sötétségben megállt,
S valami halomra fejét lehajtotta,
Hogy fáradalmát az éjben kinyugodja.

Ledőlt, el is aludt, észre nem is véve,
Hogy nem nyugszik máshol, hanem temetőbe';
Temetőhely volt ez, ócska temetőhely,
Harcoltak hantjai a rontó idővel.

Mikor az éjfélnek jött rémes órája,
A száját mindenik sírhalom feltátja,
S fehér lepedőben halvány kisértetek
A sírok torkából kiemelkedtenek.

Táncot és éneket kezdettek meg legott,
Lábok alatt a föld reszketve dobogott;
Hanem János vitéz álmai közepett
Sem énekszóra, sem táncra nem ébredett.

Amint egy kisértet őt megpillantotta,
„Ember, élő ember!" e szót kiáltotta,
„Kapjuk fel, vigyük el! mért olyan vakmerő,
Tartományunkba belépni mikép mer ő?"

One day he was walking. The sun had declined,
Spreading a rosy-red sunset behind;   1270
The red sunset also was soon lost to sight,
Replaced by the waning moon's yellowy light.

Valiant John kept on walking; when the moon too descended,
He halted in darkness, his strength nearly ended,
And he lowered his head on a mound, spiritless,   1275
So the night might assuage his immense weariness.

Where he'd tumbled, he slept, and though he didn't see,
He was resting in peace in a cemetery:
A churchyard, a graveyard, but sadly decayed,
Whose headstones resisted the ruin time made.   1280

When the terrible moment of midnight arrived,
The mouth of each grave-mound yawned suddenly wide,
And the pallid ghosts clad in their linen-white sheeting
From the throats of the graves came upwardly fleeting.

Right away they all started to dance, and they sang,   1285
So the earth underneath their feet trembled and rang;
Neither singing nor dancing can waken, it seems,
John the Valiant, asleep and wrapped up in his dreams.

At that point a ghost caught a glimpse of our fellow,
'A live man, a human!' it raised a great bellow,   1290
'Let's catch him up, carry him off! Who's so brave,
That he dares to step into the Land of the Grave?'

És odasuhantak mind a kisértetek,
És körülötte már karéjt képeztenek,
És nyultak utána, de a kakas szólal,
S a kisértet mind eltünt a kakasszóval.

János is felébredt a kakas szavára,
Testét a hidegtől borzadás átjárta;
Csipős szél lengette a síri füveket,
Lábra szedte magát s útra kerekedett.

23

János vitéz egy nagy hegy tetején jára,
Hogy a kelő hajnal rásütött arcára.
Gyönyörűséges volt, amit ekkor látott,
Meg is állt, hogy körülnézze a világot.

Haldoklófélben volt a hajnali csillag,
Halovány sugára már csak alig csillog,
Mint gyorsan kiröppent fohász, eltünt végre,
Mikor a fényes nap föllépett az égre.

Föllépett aranyos szekeren ragyogva,
Nyájasan nézett a sík tengerhabokra,
Mik, ugy tetszett, mintha még szenderegnének,
Elfoglalva térét a végtelenségnek.

Nem mozdult a tenger, de fickándoztanak
Sima hátán néha apró tarka halak,
S ha napsugár érte pikkelyes testöket,
Tündöklő gyémántnak fényeként reszketett.

And the ghosts all swooped up to John there in the dark,
And they formed up around him at once in an arc,
And they reached out to snatch him, but – then the cock crows, 1295
At which ghosts all vanish, as everyone knows.

John also woke up at the crow of the cock,
The piercing cold made his frame shiver and knock;
Across the graves' grasses a bitter wind flowed,
He stood up on his feet and set off on his road. 1300

23

On the top of a mountain our Valiant John paced,
With the light of the dawn shining onto his face –
Magnificent splendour, in crimsons and golds –
And he stopped short, to marvel at all the world holds.

The morning star, drooping in its dying fall, 1305
Its pallid ray glinting scarcely at all,
Dropped fading away, like a prayer swiftly flown,
As the sun stepped up splendidly onto its throne.

The sun rose up gleaming from a golden coach, and
Gazed down kindly on the calm, flat ocean, 1310
Which, still half asleep, as it seemed to be,
Filled up the expanse to infinity.

The sea didn't stir, but some small speckled fish
On its level back playfully frisked and swished,
And their bright scaly bodies, when the sun's rays glimmered, 1315
With the brilliance of glistening diamonds, shimmered.

A tengerparton kis halászkunyhó álla;
Öreg volt a halász, térdig ért szakálla,
Épen mostan akart hálót vetni vízbe,
János odament és tőle ezt kérdezte:

„Ha szépen megkérem kendet, öreg bátya,
Átszállít-e engem tenger más partjára?
Örömest fizetnék, hanem nincsen pénzem,
Tegye meg kend ingyen, köszönettel vészem."

„Fiam, ha volna, sem kéne pénzed nékem,"
Felelt a jó öreg nyájasan, szelíden.
„Megtermi mindenkor a tenger mélysége,
Ami kevésre van éltemnek szüksége.

De micsoda járat vetett téged ide?
Az óperenciás tenger ez, tudod-e?
Azért semmi áron által nem vihetlek,
Se vége se hossza ennek a tengernek."

„Az óperenciás?" kiáltott fel János,
„Annál inkább vagyok hát kiváncsiságos;
De már igy átmegyek, akárhová jutok.
Van még egy mód hátra... a sípomba fuvok."

És megfújta sípját. A sípnak szavára
Egy óriás mindjárt előtte is álla.
„Át tudsz-e gázolni ezen a tengeren?"
Kérdi János vitéz „gázolj által velem."

The hut of a fisherman stood by the sea;
He was old, and his white beard reached down to his knee,
This fisher was giving his net a wide cast
When Valiant John walked up beside him and asked: 1320

'If I begged you politely, old man, for a ride,
Would you ferry me over to the other side?
I'd pay you, with pleasure, whatever your fee,
But I'm all out of money; could you take me for free?'

'If you had some, I wouldn't accept any money,'   1325
The kind old man answered him placidly, 'Sonny,
The depths of the ocean at all times are rife
With the little I need to sustain my bare life.

'But what brings you here, would you tell me that, please,
To The-Sea-that's-Beyond-the-Seven-Seas?   1330
That's why I can't take you, whatever you'd spend,
This ocean extends on and on without end.'

'It's the Magical Sea?' John exclaimed with a shout,
'What that's like, I always have longed to find out;
And I shall go across, like the down of a thistle.   1335
There's another way, though... I can blow on my whistle.'

So he blew on his whistle. The instant it shrilled,
The blank space before him a giant now filled.
'Are you able to wade the whole width of this sea?'
John the Valiant enquired. 'If you are, carry me.'   1340

„Át tudok-e?" szól az óriás és nevet,
„Meghiszem azt; foglalj a vállamon helyet.
Így ni, most kapaszkodj meg jól a hajamba."
És már meg is indult, amint ezt kimondta.

24

Vitte az óriás János vitézünket;
Nagy lába egyszerre félmérföldet lépett,
Három hétig vitte szörnyű sebességgel,
De a tulsó partot csak nem érhették el.

Egyszer a távolság kékellő ködében
Jánosnak valami akad meg szemében.
„Nini, ott már a part!" szólt megörvendezve.
„Biz az csak egy sziget," felelt, aki vitte.

János ezt kérdezte: „És micsoda sziget?"
„Tündérország, róla hallhattál eleget.
Tündérország; ott van a világnak vége,
A tenger azon túl tűnik semmiségbe."

„Vigy oda hát engem, hűséges jobbágyom,
Mert én azt meglátni fölötte kivánom."
„Elvihetlek," felelt az óriás neki,
„De ott életedet veszély fenyegeti.

Nem olyan könnyű ám a bejárás oda,
Őrizi kapuját sok iszonyú csoda…"
„Ne gondolj te azzal, csak vigy el odáig;
Hogy bemehetek-e vagy nem, majd elválik."

'Can I wade it?' the giant laughed, 'I'll say I can;
Take your seat on my shoulder, sire, there's a good man.
Now grab hold of my hair, and you really should hold it.'
And he'd already started, as fast as I've told it.

24

The giant transported his King, Valiant John,   1345
Half a mile at each stride, as his long legs strode on;
He bore him for three weeks at breathtaking speed,
But the opposite shore seemed to always recede.

All at once in the faraway bluey-grey haze
Something broke through the mist and attracted John's gaze.   1350
He cried out, 'Land ahoy! Look, there's the far side!'
'No, that's only an island,' his bearer replied.

John asked him: 'What sort of an island, then, is it?'
'It's Fairyland, master – no place for a visit.
Fairyland; where the world comes to a close,   1355
Beyond it, the Sea into Nothingness flows.'

'So drop me there now, my dependable elf,
Since I very much want to see that for myself.'
'I can take you along there,' the giant told him,
'But your life will be menaced by dangers so grim –   1360

'Getting in isn't terribly easy to do,
There are horrible monsters waiting for you…'
'Never mind about that, you just take me there, set me in;
Then it remains to be seen if they let me in.'

Szófogadásra igy inté az óriást,
Aki tovább nem is tett semmi kifogást,
Hanem vitte őtet és a partra tette,
És azután utját visszafelé vette.

25

Tündérország első kapuját őrzötte
Félrőfös körmökkel három szilaj medve.
De fáradságosan János keze által
Mind a három medve egy lett a halállal.

„Ez elég lesz mára," János ezt gondolta,
Nagy munkája után egy padon nyugodva.
„Ma ezen a helyen kissé megpihenek,
Holnap egy kapuval ismét beljebb megyek."

És amint gondolta, akkép cselekedett,
Második kapuhoz másnap közeledett.
De már itt keményebb munka várt ám rája,
Itt őrzőnek három vad oroszlán álla.

Hát nekigyürközik; a fenevadakra
Ráront hatalmasan, kardját villogtatva;
Védelmezték azok csunyául magokat,
De csak mind a három élete megszakadt.

Igen feltüzelte ez a győzödelem,
Azért, mint tennap, most még csak meg sem pihen,
De letörölve a sűrü verítéket,
A harmadik kapu közelébe lépett.

John commanded his giant-serf thus to obey,   1365
And no further objections were placed in his way,
But he carried him there, set him down on the shore,
And back to his homeland he headed once more.

25

At the first gate to Fairyland, standing on guard
He saw three dreadful bears with claws half a yard.   1370
The hand-to-claw combat left John out of breath,
But all three of the bears were united in death.

Valiant John told himself, 'That's enough for one day,'
As he sat down to rest from the furious fray.
'For a while, on this bench I will take a short breather,   1375
Tomorrow's the next gate – which won't stop me, either.'

And just what he planned, he proceeded to do,
The second gate, next day, he drew nearer to.
But here he found something more fierce on his plate,
Here three savage lions stood guard at the gate.   1380

So he rolled up his sleeves; on the wild beasts he dashed
With vigour and vim, and his bright sword now flashed;
They defended themselves with might and with main,
But despite that, the three savage lions were slain.

Immensely fired up by this triumph was John,   1385
So, unlike the day before, he pressed straight on,
And wiping away a thick layer of sweat,
He drew near to the third gate and there he was met –

Uram ne hagyj el! itt volt ám szörnyű strázsa;
Vért jéggé fagyasztó volt rémes látása.
Egy nagy sárkánykígyó áll itt a kapuban;
Elnyelne hat ökröt, akkora szája van.

Bátorság dolgában helyén állott János,
Találós ész sem volt őnála hiányos,
Látta, hogy kardjával nem boldogúl itten,
Más módot keresett hát, hogy bemehessen.

A sárkánykígyó nagy száját feltátotta,
Hogy Jánost egyszerre szerteszét harapja;
S mit tesz ez, a dolog ilyen állásába'?
Hirtelen beugrik a sárkány torkába.

Sárkány derekában kereste a szívet,
Ráakadt és bele kardvasat merített.
A sárkány azonnal széjjelterpeszkedett,
S kinyögte magából a megtört életet.

Hej János vitéznek került sok bajába,
Míg lyukat fúrhatott sárkány oldalába.
Végtére kifurta, belőle kimászott,
Kaput nyit, és látja szép Tündérországot.

26

Tündérországban csak híre sincs a télnek,
Ott örökös tavasz pompájában élnek;
S nincsen ott nap kelte, nap lenyugovása,
Örökös hajnalnak játszik pirossága.

Heaven's sakes! he was met by the gruesomest guard;
At the mere sight of him all your blood would freeze hard.   1390
For an oversized dragon was in charge of this gate;
He could swallow six oxen, his mouth was so great.

In the matter of bravery John held his place,
And a clever brain wasn't left out, in his case,
He could see that his sword wouldn't conquer this sentry,   1395
So he sought for another approach to gain entry.

The dragon-snake opened its gigantic maw,
To grind John in pieces and bits with its jaw;
And what did John do with this problem, just mull it?
No, he sprang at once into the dragon's great gullet!   1400

In the dragon's midsection he searched for the heart,
And he hit on it, plunged his sword into that part.
The dragon forthwith sprawled his limbs far and wide,
And groaning the last of his broken life, died.

Hey, it gave John the Valiant no cause to say thanks   1405
To be drilling a hole through the dragon's thick flank.
But he finally drilled it, and out he crawled, and –
And he opened the gate, and beheld – Fairyland!

26

News of winter is wafted to Fairyland – never.
They bask in the splendour of springtime for ever;   1410
No sunrise, no sunset – no sunlight is shed,
Dawn plays there unendingly, rosy and red.

Benne tündérfiak és tündérleányok
Halált nem ismerve élnek boldogságnak;
Nem szükséges nekik sem étel sem ital,
Élnek a szerelem édes csókjaival.

Nem sír ott a bánat, de a nagy örömtül
Gyakran a tündérek szeméből könny gördül;
Leszivárog a könny a föld mélységébe,
És ennek méhében gyémánt lesz belőle.

Szőke tündérlyányok sárga hajaikat
Szálanként keresztülhúzzák a föld alatt;
E szálakból válik az aranynak érce,
Kincsleső emberek nem kis örömére.

A tündérgyerekek ott szivárványt fonnak
Szemsugarából a tündérleányoknak;
Mikor a szivárványt jó hosszúra fonták,
Ékesítik vele a felhős ég boltját.

Van a tündéreknek virágnyoszolyája,
Örömtől ittasan heverésznek rája;
Illatterhes szellők lanyha fuvallatja
Őket a nyoszolyán álomba ringatja.

És amely világot álmaikban látnak,
Tündérország még csak árnya e világnak.
Ha a földi ember először lyányt ölel,
Ennek az álomnak gyönyöre tölti el.

In that countryside, each fairy girl and her boy
Unacquainted with death live purely for joy;
Food and drink are two needs that they know nothing of,   1415
They subsist on the honey-sweet kisses of love.

Although grief never touches them, many a sight
Makes the fairies' eyes blur with tears of delight;
Each tear is drawn into the folds of the earth,
And from that womb a diamond is brought to its birth.   1420

The blonde fairy girls thread the yellowy strands
Of their hair one by one down under the lands;
These threads turn to gold ore, the glittering treasure
Which earth's treasure-hunters discover with pleasure.

The young fairy children spin rainbows up there   1425
From the radiant beams in the eyes of the fair;
When a rainbow's been spun to a suitable size,
It is hung in the vault of the overcast skies.

The fairies have couches constructed of flowers,
Which, drunk with delight, they loll on for hours;   1430
With its fragrant aroma the billowy air
Rocks them softly to sleep on their flower-couches there.

And yet, of the world in their sweet dreams displayed,
Fairyland in itself is only a shade.
When a youth first embraces a girl in our world,   1435
This dream is the rapture in which they are whirled.

Hogy belépett János vitéz ez országba,
Mindent, amit látott, csodálkozva láta.
A rózsaszín fénytől kápráztak szemei,
Alighogy merészelt körültekinteni.

Meg nem futamodtak tőle a tündérek,
Gyermekszelídséggel hozzá közelgének,
Illeték őt nyájas enyelgő beszéddel,
És a szigetbe őt mélyen vezették el.

Amint János vitéz mindent megszemléle,
S végtére álmából mintegy föleszméle:
Kétségbeesés szállt szivének tájára,
Mert eszébe jutott kedves Iluskája.

„Itt hát, hol országa van a szerelemnek,
Az életen által én egyedül menjek?
Amerre tekintek, azt mutassa minden,
Hogy boldogság csak az én szivemben nincsen?"

Tündérországnak egy tó állott közepén,
János vitéz búsan annak partjára mén,
S a rózsát, mely sírján termett kedvesének,
Levette kebléről, s ekkép szólítá meg:

„Te egyetlen kincsem! hamva kedvesemnek!
Mutasd meg az utat, én is majd követlek."
S beveté a rózsát a tónak habjába;
Nem sok híja volt, hogy ő is ment utána…

When Valiant John entered the fairies' country,
Every thing his eye fell on, he marvelled to see.
But the rosy-hued brightness so dazzled his sight,
That he scarcely dared glance to the left or the right.   1440

Meeting John, did the fairies fly off out of fear?
No: gentle as children they kindly drew near,
Tender and charming the words that they said,
As further on into the island they led.

When poor John the Valiant surveyed the whole scene,   1445
He came to, as if waking out of a dream:
Despair cast him down in his heart's deepest well,
As he sadly remembered his dear-beloved Nell.

'Alas, in this country where love blooms full-blown,
Through the rest of my life shall I walk all alone?   1450
Wherever I look, every couple I see
Shows that happiness hides itself only from me!'

A lake, in the middle of Fairyland, stood,
John the Valiant walked down to it in his dark mood,
And the rose that had grown where his love lay at rest,   1455
He pulled from his bosom, and thus he addressed:

'You're my very last treasure! my love's memento!
You show me the way, and that's where I will go.'
And he sowed the rose into the folds of the water;
He was just on the verge of following after...   1460

De csodák csodája! mit látott, mit látott!
Látta Iluskává válni a virágot.
Eszeveszettséggel rohant a habokba,
S a föltámadt leányt kiszabadította.

Hát az élet vize volt ez a tó itten,
Mindent föltámasztó, ahova csak cseppen.
Iluska porából nőtt ki az a rózsa,
Igy halottaiból őt föltámasztotta.

Mindent el tudnék én beszélni ékesen,
Csak János vitéznek akkori kedvét nem,
Mikor Iluskáját a vizből kihozta,
S rég szomjas ajakán égett első csókja.

Be szép volt Iluska! a tündérleányok
Gyönyörködő szemmel mind rábámulának;
Őt királynéjoknak meg is választották,
A tündérfiak meg Jánost királyokká.

A tündérnemzetség gyönyörű körében
S kedves Iluskája szerető ölében
Mai napig János vitéz őkegyelme
Szép Tündérországnak boldog fejedelme.

When wonder of wonders! what befell, what befell!
What befell was, the flower turned into his Nell.
Frantically into the water he sped,
And delivered the girl who'd been raised from the dead.

Since the Water of Life was what filled up this pond,   1465
Whatever it touched, it brought back from Beyond.
By the dust that was Nelly, the rose had been fed,
And so it was she who arose from the dead.

I could deck all this out in extravagant speech,
But what Valiant John felt, my words never could reach,   1470
As he lifted his Nell from the watery abyss,
And on long-thirsty lips there burnt the first kiss.

How lovely Nell was! All the fairy girls gazed
On her beauty adoring, delighted, amazed;
For Queen of the Fairies she was the girls' choice,   1475
While for King it was John who was picked by the boys.

And there in the exquisite fairy folk's ring
In the lap of his Nelly, his Nell, his darling,
John the Valiant, His Highness, to this very day
Over glorious Fairyland holds happy sway.   1480

NOTES

1. The hero is first named *'Kukoricza Jancsi'*, 'Johnny Grain o' Corn'. After the French King dubs him with the honorary title of *'Vitéz'*, the poet always refers to him as 'John' (only the village girl living in his sweetheart's old house in chapter 17 calls him 'Uncle Johnny'). His sweetheart's name *'Iluska'* (accented on the first syllable like all Hungarian words) is a familiar rustic form of *'Ilona'*, which is 'Helen'. 'Nell' and 'Nelly' are the familiar equivalents in English. *'Vitéz'* has been previously translated as 'Sir', 'Champion', and 'Hero' but here as 'Valiant', an adjective that can stand as a substantive.

2. A stout pole used to prop up a haystack.

3. The original word used here, *puszta* (pronounced roughly *poos*-ta), is a magical word for Hungarians, referring to the desolate plains in the centre of the country which they love as Americans do the open spaces of the West. Petőfi walked across the *puszta* frequently, and rhapsodised about it in his travel letters and other poems.

4. *Hussar* is one of a handful of English loanwords from Hungarian, meaning a type of cavalry soldier that originated in Hungary in the fifteenth century. Accented on the second syllable in English, it has been accommodated to the meter of this translation by keeping its initial stress as *hus*sar.

5. When Petőfi read *János vitéz* to the poet Mihály Vörösmárty (1800–55) and his circle early in 1845, his first draft apparently ended with chapter 18. Encouraged by their enthusiasm he then added the following nine chapters.

Alexander Petőfi was born of poor parents on 1st January 1823 in Hungary, in the middle of the Great Plain between the Tisza and the Danube. He left school in 1839, and after a few months joined the army, serving as a soldier for two years, although he never rose above the level of private. On the verge of deserting, he was fortunate enough to obtain discharge with the help of a doctor. After release from the army he returned to school, but he found he was unsuited to academic life, and after a year he became an actor in a touring company. It was during his brief acting career that he turned to writing, and published his first poem. Two years later he travelled to Pest, where Volume I of his verse was published and where he became an assistant to the editor of a fashion journal. He remained there for a year, and then left his job in the beginning of 1845 to concentrate on writing full time. He followed his first volume of poetry in 1844 with *A helység kalapácsa* [*The Hammer of the Village*], a comic epic published the same year. *János vitéz* [*John the Valiant*], a folk tale, *Cipruslombok Etelka sírjáról* [*Cypress Leaves from the Grave of Etelka*], lyric verse, *Poems*, Vol. II, and *Szerelem gyöngyei* [*Pearls of Love*], also lyric verse, were all published in 1845. In 1846, he continued his prolific output with *Felhök* [*Clouds*], and *A hóhér kötele* [*The Hangman's Rope*], a novel in prose. In 1847 Petőfi published a selection of travel letters modelled on those of Heine and a volume of *Collected Poems*. He married Júlia Szendrey, against her parents' wishes, in September 1847. During their one-year engagement he had written numerous poems in praise of married life. The couple had one son, Zoltán, born in 1848. (Julia was to die in 1868, followed by Zoltán in 1870.) In 1848 Petőfi began work as an editor, stood unsuccessfully for election, and translated

Coriolanus, joining the two other greatest poets of the era, Mihály Vörösmárty and János Arány, in a project to translate all Shakespeare's plays. As the revolutionary fervour of Europe descended on Hungary in the mid 1840s, Petőfi became a spokesman for revolt against the Austrian Empire, writing poems and editorial essays that were widely read and recited. During this time, he was criticised by journalists who questioned the courage of a man who could fight a revolution from the safety of a writer's desk. As a result of this goading, he enlisted in the army as a captain, and was quickly promoted to major. He was killed in the Battle of Segesvár on 31st July 1849 and buried in a mass grave.

John Ridland was born in London to British parents and grew up in the United States. He has taught literature and writing at the University of California, Santa Barbara, since 1961. His books of poetry include *Ode on Violence, In the Shadowless Light, Elegy for My Aunt, Palms, Life with Unkie,* and a prose work co-authored by Muriel Ridland, *And Say What He Is: The Life of a Special Child.* His *Selected Poems* in Hungarian translation are published by the Europa Press in Budapest. He has received the Árpád Gold Medal from the Hungarian Congress in Cleveland for his contributions to Hungarian literature.

HESPERUS PRESS CLASSICS

Hesperus Press, as suggested by the Latin motto, is committed to bringing near what is far – far both in space and time. Works written by the greatest authors, and unjustly neglected or simply little known in the English-speaking world, are made accessible through new translations and a completely fresh editorial approach. Through these classic works, the reader is introduced to the greatest writers from all times and all cultures.

For more information on Hesperus Press, please visit our website: **www.hesperuspress.com**

ET REMOTISSIMA PROPE

SELECTED TITLES FROM HESPERUS PRESS

Author	Title	Foreword writer
Louisa May Alcott	*Behind a Mask*	Doris Lessing
Pedro Antonio de Alarcon	*The Three-Cornered Hat*	
Pietro Aretino	*The School of Whoredom*	Paul Bailey
Jane Austen	*Love and Friendship*	Fay Weldon
Honoré de Balzac	*Colonel Chabert*	A.N. Wilson
Charles Baudelaire	*On Wine and Hashish*	Margaret Drabble
Aphra Behn	*The Lover's Watch*	
Giovanni Boccaccio	*Life of Dante*	A.N. Wilson
Charlotte Brontë	*The Green Dwarf*	Libby Purves
Mikhail Bulgakov	*The Fatal Eggs*	Doris Lessing
Giacomo Casanova	*The Duel*	Tim Parks
Miguel de Cervantes	*The Dialogue of the Dogs*	
Anton Chekhov	*The Story of a Nobody*	Louis de Bernières
Anton Chekhov	*Three Years*	William Fiennes
Wilkie Collins	*Who Killed Zebedee?*	Martin Jarvis
Arthur Conan Doyle	*The Tragedy of the Korosko*	Tony Robinson
William Congreve	*Incognita*	Peter Ackroyd
Joseph Conrad	*Heart of Darkness*	A.N. Wilson
Joseph Conrad	*The Return*	Colm Tóibín
Gabriele D'Annunzio	*The Book of the Virgins*	Tim Parks
Dante Alighieri	*New Life*	Louis de Bernières
Daniel Defoe	*The King of Pirates*	Peter Ackroyd
Marquis de Sade	*Incest*	Janet Street-Porter
Charles Dickens	*The Haunted House*	Peter Ackroyd
Charles Dickens	*A House to Let*	
Fyodor Dostoevsky	*The Double*	Jeremy Dyson
Fyodor Dostoevsky	*Poor People*	Charlotte Hobson
Joseph von Eichendorff	*Life of a Good-for-nothing*	

George Eliot	*Amos Barton*	Matthew Sweet
Henry Fielding	*Jonathan Wild the Great*	
F. Scott Fitzgerald	*The Rich Boy*	John Updike
Gustave Flaubert	*Memoirs of a Madman*	Germaine Greer
E.M. Forster	*Arctic Summer*	Anita Desai
Ugo Foscolo	*Last Letters of Jacopo Ortis*	Valerio Massimo Manfredi
Giuseppe Garibaldi	*My Life*	Tim Parks
Elizabeth Gaskell	*Lois the Witch*	Jenny Uglow
Théophile Gautier	*The Jinx*	Gilbert Adair
André Gide	*Theseus*	
Nikolai Gogol	*The Squabble*	Patrick McCabe
Thomas Hardy	*Fellow-Townsmen*	Emma Tennant
L.P. Hartley	*Simonetta Perkins*	Margaret Drabble
Nathaniel Hawthorne	*Rappaccini's Daughter*	Simon Schama
E.T.A. Hoffmann	*Mademoiselle de Scudéri*	Gilbert Adair
Victor Hugo	*The Last Day of a Condemned Man*	Libby Purves
Joris-Karl Huysmans	*With the Flow*	Simon Callow
Henry James	*In the Cage*	Libby Purves
Franz Kafka	*Metamorphosis*	Martin Jarvis
John Keats	*Fugitive Poems*	Andrew Motion
Heinrich von Kleist	*The Marquise of O–*	Andrew Miller
D.H. Lawrence	*Daughters of the Vicar*	Anita Desai
D.H. Lawrence	*The Fox*	Doris Lessing
Leonardo da Vinci	*Prophecies*	Eraldo Affinati
Giacomo Leopardi	*Thoughts*	Edoardo Albinati
Nikolai Leskov	*Lady Macbeth of Mtsensk*	Gilbert Adair
Niccolò Machiavelli	*Life of Castruccio Castracani*	Richard Overy
André Malraux	*The Way of the Kings*	
Katherine Mansfield	*In a German Pension*	Linda Grant
Guy de Maupassant	*Butterball*	Germaine Greer

Lorenzino de' Medici	*Apology for a Murder*	Tim Parks
Herman Melville	*The Enchanted Isles*	Margaret Drabble
Francis Petrarch	*My Secret Book*	Germaine Greer
Luigi Pirandello	*Loveless Love*	
Edgar Allan Poe	*Eureka*	Sir Patrick Moore
Alexander Pope	*The Rape of the Lock* and *A Key to the Lock*	Peter Ackroyd
Alexander Pope	*Scriblerus*	Peter Ackroyd
Antoine François Prévost	*Manon Lescaut*	Germaine Greer
Marcel Proust	*The Pleasures and the Days*	A.N. Wilson
Alexander Pushkin	*Dubrovsky*	Patrick Neate
François Rabelais	*Gargantua*	Paul Bailey
François Rabelais	*Pantagruel*	Paul Bailey
Friedrich von Schiller	*The Ghost-seer*	Martin Jarvis
Percy Bysshe Shelley	*Zastrozzi*	Germaine Greer
Stendhal	*Memoirs of an Egotist*	Doris Lessing
Robert Louis Stevenson	*Dr Jekyll and Mr Hyde*	Helen Dunmore
Theodor Storm	*The Lake of the Bees*	Alan Sillitoe
Italo Svevo	*A Perfect Hoax*	Tim Parks
Jonathan Swift	*Directions to Servants*	Colm Tóibín
W.M. Thackeray	*Rebecca and Rowena*	Matthew Sweet
Leo Tolstoy	*Hadji Murat*	Colm Tóibín
Ivan Turgenev	*Faust*	Simon Callow
Mark Twain	*The Diary of Adam and Eve*	John Updike
Mark Twain	*Tom Sawyer Detective*	
Giovanni Verga	*Life in the Country*	Paul Bailey
Jules Verne	*A Fantasy of Dr Ox*	Gilbert Adair
Edith Wharton	*The Touchstone*	Salley Vickers
Oscar Wilde	*The Portrait of Mr W.H.*	Peter Ackroyd
Virginia Woolf	*Carlyle's House and Other Sketches*	Doris Lessing
Virginia Woolf	*Monday or Tuesday*	Scarlett Thomas
Emile Zola	*For a Night of Love*	A.N. Wilson